新消费时代全新获客逻辑　中国10大新锐品牌获客秘诀

［获客心法］
洞悉用户需求的8个关键

洞悉当下用户的购买逻辑，看清当下消费者的心理底牌
同质化存量市场，必须掌握抢夺用户10倍增长的关键干法！

张宾◎著

中华工商联合出版社

图书在版编目(CIP)数据

获客心法：洞悉用户需求的8个关键/张宾著. --北京：中华工商联合出版社，2023.1
ISBN 978-7-5158-3585-3

Ⅰ.①获… Ⅱ.①张… Ⅲ.①顾客需求 Ⅳ.①F713.53

中国国家版本馆CIP数据核字（2023）第022433号

获客心法：洞悉用户需求的8个关键

作　　者：	张　宾
出 品 人：	刘　刚
责任编辑：	胡小英
装帧设计：	金　刚
排版设计：	水日方设计
责任审读：	付德华
责任印制：	迈致红
出版发行：	中华工商联合出版社有限责任公司
印　　刷：	文畅阁印刷有限公司
版　　次：	2023年3月第1版
印　　次：	2023年3月第1次印刷
开　　本：	710mm×1020mm　1/16
字　　数：	200千字
印　　张：	14
书　　号：	ISBN 978-7-5158-3585-3
定　　价：	69.00元

服务热线：010－58301130－0（前台）
销售热线：010－58302977（网店部）
　　　　　010－58302166（门店部）
　　　　　010－58302837（馆配部、新媒体部）
　　　　　010－58302813（团购部）
地址邮编：北京市西城区西环广场A座
　　　　　19－20层，100044
http://www.chgslcbs.cn
投稿热线：010－58302907（总编室）
投稿邮箱：1621239583@qq.com

工商联版图书
版权所有　侵权必究

凡本社图书出现印装质量问题，请与印务部联系。
联系电话：010－58302915

| 自序

旧地图发现不了新大陆，老方法解决不了新问题

奥美广告公司创始人、营销天才大卫·奥格威曾经说过这样一句话：We sell or else。最通俗的翻译是：营销就是要带动销售否则就不是好营销。但是到了今天这个数字化的时代，比"销售"更有时代性的一个词是"获客"。因为在今天，销售并不意味着营销的结果，甚至可以说销售只是你和用户建立关系的开始。一次成功的销售转化，意味着你"获得"了一个新用户，然而如何让这个用户产生二次、三次购买，在今后只要使用同样的产品或服务时能够第一时间想到你，也就是我们常说的通过用户的忠诚度来持续获得用户口碑，最终通过持续、持久的用户动力来帮助你的门店或企业更多地获客，这才是当今时代零售的本质。

显然，要做到这一点，仅仅依靠从前的文案策略已经远远不够了。今天，商业市场中的竞争，被人们形象地称之为"商战"。而零售战就是一场洞察用户需求、服务用户的"攻坚战"。

纵观人之一生，我们所追求的成功结果大致可以分为四个维度：事业有成、家庭幸福、财富自由、身体健康。

但在现实中你会发现这个世界上一些人，事业一事无成，家庭也不幸

福，财富一辈子都没有达到自己期望，最后身体还累垮了，忙碌一辈子也没有得到好的结果。

那么，影响人生结果的核心要素到底是什么？带着这个问题，我开启了一场探索之旅。

实相

为什么你最初是为了赚钱，最后却赔了钱？一定是你做错了什么！

为什么你最初是为了幸福，最后结果却变得不幸？一定是你做错了什么！

所以，影响人生结果的核心要素是行为。佛家讲因果，一定是你的行为影响了你的结果。所以我们要常常反求诸己，而不是执着于结果。

在行为中，人的行为主要分为两种：

第一种，是战略级行为——选择；

第二种，是战术级行为——努力。

普通人之所以普通，是因为普通人一辈子都在战术上勤奋努力，却很少审视自己的战略级行为——他并不知道自己的选择很可能从一开始便是错的。

可见，很多人过得不幸福，究其根本是选择出了问题，也就是你的战略出了问题。

生活如此，事业也一样。今天你的事业之所以如此被动，原因通常有两个：第一，钱花错了地方；第二，用错了人。要么用错员工，要么找错了合作伙伴，要么信错了人。所以事业成功的关键也是来自战略级的选择。

那么，是什么影响了我们的行为呢？为什么你会做出错误的选择？为什么你会走错路？

因为你的思维决定了你的行为。面对同样一件事，不同的人思考的维度不同，有的人看到了机会，有的人看到了危险。所以他们的选择不同，行为也就不一样。

那又是什么影响了你的思维？

是认知——认是认识，知是知道，认识是深度，知道是广度，你的思维要有广度，知道自己不知道的事。

例如，成大事，必三知：知事、知人、知己。

知事——一眼洞察事物本质，能够准确把握方向和时机，做出正确判断和选择！

知人——洞悉人性，洞悉用户和团队需求，懂得如何满足人们的需求！

知己——知道自己的优势和劣势，知道自己的长处和不足，知道自己想要什么，知道自己能做什么、不能做什么！

如果这些事你都不知道，那么也很难成事。

我们常说，读万卷书、行万里路，前者是认知，后者是实践。可为什么很多人在读了很多书，走了很多路以后，依然没有提升自己的认知呢？因为每个人接受新事物的能力是不同的，很可能他的悟性太差。因此，这时就需要高人指路。所以成功的人生离不开三个要素：第一，读书——知道你不知道的事；第二，行路——见到你未曾见过的世界；第三，点路——有师者指引，为你破云开雾。总体来说，这三种方式会构成我们的终极认知。

因此，这就需要我们不断学习，只有改变才能带来改变——从改变你的认知开始，用认知完善你的思维，用良好的思维去优化你的行为，让正向的行为带来好的结果。

缘起

曾有一名学员问我："张总，你不是要带领我们获客打胜仗吗？讲这么多思维、行为有什么用？"

其实，在每次开课之前，我都会先把这套逻辑讲清楚。因为我发现，很多人总是盲目地选择、草率地开始。学习完之后都不知道自己究竟学到了什么，为什么而学，如何学以致用。我常对身边的伙伴们说，"我们可以赢，我们可以输，但我们一定不能死不瞑目；我们可以赚，我们可以赔，但我们决不能稀里糊涂"。

那我们到底要学什么呢？

我这个课程的起源来自小米的创始人雷军。他的传说在互联网的江湖上屡见不鲜。据我了解，雷军的高考成绩完全可以保送清华和北大，是一个地地道道的学霸。他毕业之后，于1992年进入了金山软件股份有限公司，当时金山的董事长是邱国军——中国的第一代IT人士。在那个年代，雷军的编码技术轻松进入中国前十名，可以说是大神级的人物。1997年雷军成为金山软件的总经理，可谓少年得志。1999年，雷军的身价就已经超过一亿元人民币。后来，2007年金山软件在香港上市，与此同时，我国的互联网公司百度、阿里巴巴、腾讯异军突起。这反而让雷军陷入了迷茫。他重点思考了几个问题：

第一，为什么我这么勤奋，结果反而被后来者赶超？

第二，为什么我干得这么早，却没有BAT这几个人干得好？

第三，为什么我的能力和才华不逊于他们，却没有他们的事业做得好？

紧接着，从2007年到2010年，雷军用了四年的时间，终于找到了答案——他发现未来中国十年会进入移动互联网的快速发展期。既然要用手机上网，那么手机必然是一个风口。正如2013年雷军在接受杨澜采访时说："站在风口上，猪都会飞。"

所以，从2013年开始，我的人生也进入了一个新的状态——找风。

我找到的第一个风口是同城电商，当时投资了几百万，结果项目最后还是没能活下来。后来，我明白了雷军的这句话还有第二层意思我没有理解，第一句话是找风，第二句话是要练飞，我们只找到了风，却没有飞的本领同样要失败。归结为一句话就是——势大于人，道大于术。势是趋势，道是战略，合起来才是一套能够在竞争激烈的江湖里笑到最后的武功。

为了验证这个答案，我调研了很多行业，再来看2016年的饮料江湖。这一年，从来没有做过饮料的唐彬森创办了元气森林。当时，中国的饮料市场有娃哈哈、康师傅、统一、农夫山泉、汇源果汁、可口可乐、红牛、王老吉等。而在元气森林之前还有一个公司进军饮料江湖，最后铩羽而归——恒大冰泉。恒大资本雄厚，但为什么做一瓶水却不如今天的元气森林？

再比如我国的猪肉市场，钱大妈于2010年成立，当时它面对的对手有双汇、雨润、天地壹号以及遍布全中国的肉蛋市场，在这种情况下，钱大妈用八年时间，在中国开了3000多家门店。

对以上问题的探索便是我课程的缘起。

悟道

从2013年开始，当我亲眼看到了这么多的真实案例，最后我得出了打胜仗的第一要素——武功。

过去我们都是认为资源比武功更重要。很多人觉得小米之所以成功，是因为雷军"出道即巅峰"，有钱、有人、有资源；拼多多之所以成功，是因为黄峥的师傅是段永平，他有资源、有资本；元气森林之所以成功，是因为它的背景是互联网公司。如果我们认为他们的成功是靠资源，那恐怕我们这辈子都成功不了。因为我们这一辈子都不可能有他们那样强大的资源。

可仔细思考一下，与我们普通人比，雷军确实有资源，但是在2010年，雷军跟联想、中兴、摩托罗拉比起来，显然后者的资源背景更强大。包括当时的元气森林与恒大，钱大妈与双汇更是无法与之相提并论。

所以，最后我得出了一个结论——武功大于资源。

为什么资本愿意给你投钱？是因为你武功高深能打赢对手，他才会投资，资源是武功的叠加。如果你没有武功，就没有好的谋略和方法。那么，给你再多的资源也没用，给你再多的钱你都花不到合适的地方。

在2020年疫情期间，我再次复盘了这套逻辑，并终于确定了这个课程的核心——武功第一，资源第二。当然，我不是说资源不重要，只是说排在第二位，正所谓"物有本末，事有终始，知所先后，未之有也"。在这个基础上，我回过头去研究那些企业成功的秘密：他们除了站对风口，无一例外地还有一套在商海中打遍天下无敌手的绝世武功。

洞察到真相后，我开始应用于实践，并于2021年4月，创办了闪亮柚。当时，这个赛道的现状是：第一，市场上有遍布全国的眼镜店且大多已经在当地耕耘超过十年；第二，著名的连锁品牌爱尔眼科市值已高达3000多亿；第三，传统视力保健遍布全国各个市、县。

在这样的情况下，我们从2021年4月开始，只用了一年的时间，落地了700家专卖店；此外，我们全国的区域合作伙伴至今已超过了1000位，创造了行业奇迹；同时，中国一家创投机构已对我们的企业初步作出10亿元人民币的估值。

这就是我们通过实践验证的这套方法，若非亲身经历，我自己也觉得不可思议。原来，当你建立了全新的认知后，你的思维、行为也完全不同了。

在很多年前，曾有人问松下幸之助："松下电器主营业务是做什么的？"松下幸之助的答案是，松下主营育人，顺便卖点电器。我当时非常认同"经营之神"的这一理念。后来，我创办闪亮柚，本质也是一样的：主营育人，顺便帮助中国的孩子们做一点事情。要想做好这些事情，提升闪亮柚在各大区域经销商的经营能力、管理水平，改善商业思维和商业认知，对我来说就是最重要的事。因为再大、再美好的事业也是人来实现的——这个世界上没有干不成的事，只有干不成事的人。人对了，事就对；你的思维对了，行为就对了；行为对了，结果就对了。

然而，我看到今日还有太多的中小微企业在苦海中挣扎，他们急需改变现状，但往往是学了各类课程、参加了各种论坛、想尽了各种办法，依然难以改变现状。因此，当我掌握了这套方法后，我希望能够通过本书将我的经验分享给更多有需要的企业家，帮助更多的企业走向成功、走向辉煌。

基于这个逻辑和初衷，我将已有上万人学习过的新零售课程进一步优化，提出了我们在商场中干成事、打胜仗、洞察用户需求的八个关键，并以对应的八部来解决这八大问题。在书中共分为三大篇章，我们从思维升级开始，先掌握三大获客思维（商战思维、用户思维、先胜思维），才能进一步让思维落地，带着八个问题，读懂用户，进而用思维指导行为，服务用户。遵循这条线索，我们将八问应用于实践时，就可以先搞定用户，再拓展渠道，最后强化平台。

在这本书中，没有晦涩艰深的理论思辨，也没有教条式的理论灌输，有的只是我对从业近二十年来遇见的一些人、一些事例以及品牌故事的分享。要说它跟别人都不同的地方，则源于我从小喜爱读《孙子兵法》，我始终认为，这是一部集结了中国谋略智慧和竞争战略的集大成之作，是古人从生与死、血与火的较量中，真实总结出来的取胜之法。商场如战场，如果我们能借鉴一点兵家的斗争智慧应用到商场上，或许更能"执奇正之变，获效益之胜"。虽法有定论，兵无常形。但流水不争先，争的是滔滔不绝。善终比善始重要100倍！无论是做事业还是做小本生意，都离不开用户，坚持长期主义，赢得人心才是商道的终极追求。

我相信，从2021到2022，从2022到2032，未来我和我的伙伴们还有很多年的路要走，而我能做的就是一路携手，大家共创好未来。

我相信，只要我们眼里有山河万里，又何惧几分秋凉。道阻且长，行则将至；行而不辍，未来可期！

我相信，岁月带伤，亦有光芒。努力奔跑，我们终会发光！

获客心法模型图

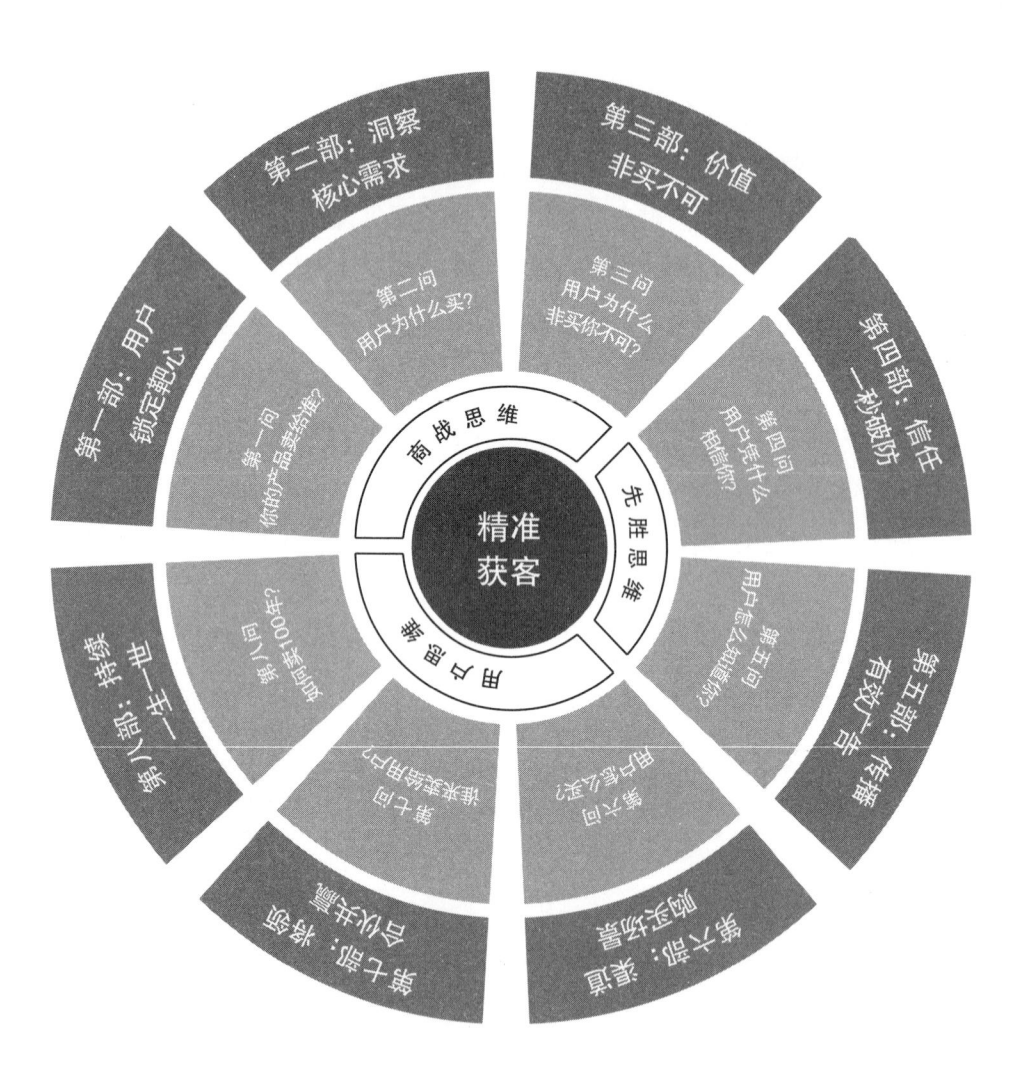

精准获客

商战思维 · **先胜思维** · **用户思维**

- 第一部：用户 锁定靶心 — 第一问 你的产品卖给谁？
- 第二部：洞察核心需求 — 第二问 用户为什么买？
- 第三部：价值 非买不可 — 第三问 用户为什么非买你不可？
- 第四部：信任 一秒破防 — 第四问 用户凭什么相信你？
- 第五部：有效广告 传播 — 第五问 用户怎么知道你？
- 第六部：渠道 精准触达 — 第六问 用户在哪里？
- 第七部：成交 让用户买 — 第七问 怎样让用户买？
- 第八部：持续 一生一世 — 第八问 如何卖100年？

目录

PART 1 获客思维：以用户为中心，用需求来驱动

小米的获客思维："米粉"是如何获取的？ / 003

从商业思维到商战思维：精准获客，留住用户 / 007

从资源思维到用户思维：服务用户，一生一世 / 011

从先战思维到先胜思维：上兵伐谋，先胜后战 / 014

PART 2 思维落地：八个问题，读懂用户

洞察关键——读懂用户的八个问题 / 019

第一问 你的产品卖给谁？ / 023

【现状】 不精准VS不重视 / 024

【思考】 他们都在卖给谁？ / 027

【洞察】 商道本质：找到发力点 / 030

第二问 用户为什么买？ / 033

【现状】 不了解VS不深刻 / 034

　　　　【思考】　从吃饱到吃好，究竟是用户变了，还是行业需求变了？/ 038
　　　　【洞察】　洞察需求就是洞察人性 / 042

第三问　用户为什么非买你的不可？/ 047
　　　　【现状】　我没有VS不犀利 / 048
　　　　【思考】　王老吉等现象级单品的销量奇迹如何诞生？/ 050
　　　　【洞察】　谁先回答用户的问题，用户就会先投入谁的怀抱 / 052

第四问　用户凭什么相信你？/ 057
　　　　【现状】　他不懂VS我不信 / 058
　　　　【思考】　厨邦、费大厨凭什么让用户相信？/ 060
　　　　【洞察】　建立信任感，不做"最熟悉的陌生人" / 063

第五问　用户怎么知道你？/ 067
　　　　【现状】　生于夹缝之中VS死于黑暗森林 / 068
　　　　【思考】　小罐茶、王老吉如何"飞入寻常百姓家"？/ 070
　　　　【洞察】　集中精力，打歼灭战 / 073

第六问　用户怎么买？/ 075
　　　　【现状】　卖不出去VS不知道去哪里买 / 076
　　　　【思考】　为什么用户不能毫不费力地找到你？/ 078
　　　　【洞察】　找到适合产品的"最短流通路径" / 080

第七问　谁来卖给用户？/ 083
　　　　【现状】　自己卖VS合作伙伴卖 / 084
　　　　【思考】　海尔如何把一件事变成大家的事业？/ 087
　　　　【洞察】　指数型组织进化论 / 089

第八问　如何卖100年？/ 093
　　　　【现状】　不知道怎么干长久VS不知道怎么死的 / 094
　　　　【思考】　企业的"死亡笔记"你触碰过哪一页？/ 096
　　　　【洞察】　居安思危，让企业活得健康，活得长久 / 099

PART 3　精准获客：八部心法，成就用户

获客心法——成就用户的八个策略 / 105

第一部　用户——锁定靶心 / 109

【法则】　"第一纽扣" / 110

【落地】　用户因行业而来，因企业而留下 / 111

【实践】　锁定一群人、一类人、一个地方的人 / 115

第二部　洞察——核心需求 / 117

【法则】　"买比卖重要100倍" / 118

【落地】　运用冰山理论洞察用户的隐性需求 / 120

【实践】　父母为什么给孩子购买近视防控这项服务？ / 124

第三部　价值——非买不可 / 127

【法则】　"第一胜过更好" / 128

【落地】　聚焦，聚焦，再聚焦 / 130

【实践】　持续输出价值的巴奴毛肚火锅 / 136

第四部　信任——一秒破防 / 141

【法则】　"不在于说了什么，关键是用户信了什么" / 142

【落地】　打造一秒破防的信任体系 / 144

【实践】　胖东来缘何成为"神一般的存在" / 154

第五部　传播——有效广告 / 157

【法则】　"用户永远不会买自己不知道的东西" / 158

【落地】　有效传播的四个关键 / 160

【实践】　脑白金持续火爆的真相 / 166

第六部　渠道——购买场景 / 169

【法则】　"方便是永恒的需求" / 170

【落地】　打通用户购买的全渠道场景 / 173

【实践】　小米的全渠道布局 / 177

第七部　将领——合伙共赢 / 183

【法则】　"欲治兵者必先选将" / 184

【落地】　打造"吾能用之"的合伙人体系 / 186

【实践】　小米、腾讯、美团的合伙启示录 / 191

第八部　持续——一生一世 / 197

【法则】　"做最好的准备，做最坏的打算" / 198

【落地】　未来没有企业，只有平台 / 200

【实践】　居安思危不翻车，"体面人"置之死地而后生 / 203

后记：一心一意等风来，一生一世共事业 / 207

PART 1

获客思维：
以用户为中心，用需求来驱动

零售战场风起云涌，人人都想服务天下用户。然而，能够战胜微信的，一定不是另一个微信；能够留住用户的，一定不是从前的思维。

过去人们做生意、做项目，因为不懂得谋算，成功时稀里糊涂，失败了也不知道原因，而那些靠运气赚来的钱最终也会亏掉。这和上战场打仗一样，零售战场，上兵伐谋，先胜后战。

你可能会说，你这套是属于强者的兵法，那在现实中的弱者怎么可能有压倒性的优势呢？一个创业者如何能立于不败之地呢？这样理解就有失偏颇了。这并不是强者的兵法，而是所有人的兵法。强者的优势也只是局部的，只不过他们懂得集中优势兵力打歼灭战。而创业者如果什么都没有弄明白就一股脑冲上去，那肯定会失败。正因如此，想要成功获客，就要先弄清楚其中的底层逻辑，我们要从升级思维开始。

第一，从商业思维到商战思维；

第二，从资源思维到用户思维；

第三，从先战思维到先胜思维。

有了好的思维，再有好的行为，自然会有好的结果。这三大思维是我们洞察用户需求、成功获客的核心思想，后面我们就是用这三大思维来指导我们的行为。

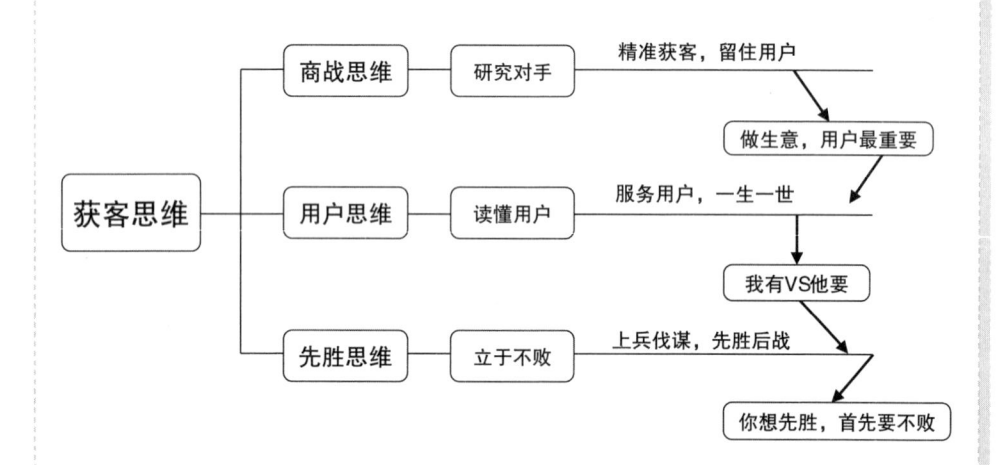

```
                    ┌─ 商战思维 ─ 研究对手  精准获客，留住用户
                    │                              ↓
                    │                       做生意，用户最重要
                    │                              ↓
  获客思维 ─────────┼─ 用户思维 ─ 读懂用户  服务用户，一生一世
                    │                              ↓
                    │                         我有VS他要
                    │                              ↓
                    └─ 先胜思维 ─ 立于不败  上兵伐谋，先胜后战
                                                   ↓
                                         你想先胜，首先要不败
```

小米的获客思维："米粉"是如何获取的？

市面上有很多关于小米的商业评论，如果你看过这些小米的资料，你会发现小米的成功因素有很多，例如参与感、互联网营销、粉丝经济等。但如果选择一个最关键、最核心的成功因素，那就是获客思维。

起初，小米最开始做的事情是基于安卓技术交流论坛推广他们打造的MIUI系统。在收获到越来越多用户的喜欢后，逐渐积累了小米的粉丝群体。小米对于粉丝极为重视，当时在第一版MIUI上线时，小米的广告语是：感谢勇敢的上帝！（详见图1-1）

图1-1 小米广告语

有了粉丝的支持，通过一年的时间，小米迅速积累了30万种子用户，进而打造了小米社区。也正因为前期积累了30万的"米粉"，为后来小米的正式发布奠定了用户基础。雷军在小米10周年的时候回顾：小米1开售，售价是1999元，总共售出18.46万台，销售额3.7亿元。对此，雷军表示："这是小米的第一笔收入。有了这一笔收入，我们滚动发展，才有了今天的世界500强，才有了今天的全球第二！"

可见当时小米的粉丝有着非常大的影响力，当然，最终购买的人肯定不只是30万"米粉"，而是30万人中，购买的人带动了身边更多人去了解了小米这个品牌，进而产生购买行为。

● 掌握三大获客思维，服务用户始于洞察用户需求

回过头看，获客，即获得客户，听起来并不难理解，难的是我们应该用什么样的思维来达到这一目标。同样，我们以小米为例，通过多年对用户的洞察研究，总结出了小米的三大获客思维。

第一，小米的商战思维。

回看小米创造的商业奇迹：

一个看似不懂手机的公司，却用手机产品颠覆了整个行业的格局；

一个起初没钱打广告，后来却做到了连四线城市的用户都熟知的品牌；

一个成立10年的企业，成为世界500强……

再来看小米的生态链，无论是做手机还是其他产品，小米同样运用了三大思维的逻辑。

在小米进入中国插线板行业之前，市场上传统的插线板外观比较死板，安全性也不高。即便不是一潭死水，却没有一条鲶鱼去搅动这个行业。

那小米是怎么做的呢？

小米采用纯铜材料制作插线板，外观整体布局十分简洁，再次让用户感受到了每一根连接线、每一个配件甚至每一个螺丝的设计都兼顾到了用户的体验。

小米看似重新定义了一个非常普通又非常传统的行业，但它却在无形中拉拢了大量用户，抢夺了市场。

手机也是这样，如我们在开篇分析的那样，小米在刚进入手机市场时，身后要么是苹果，要么就是山寨机，中间缺乏一个高性价比段位的

领导品牌。

小米手机当时可以做到和三星、摩托罗拉、三星等大牌基本上同样的配置，可那些品牌动辄四五千块钱的价位，而小米只卖1999甚至更便宜。雷军只不过是把传统行业中曾经被人们习以为常的事物进行"升维思维"，然后对竞争对手进行"降维打击"。

第二，小米的用户思维。

波导、诺基亚的倒闭并不是因为小米和苹果的出现，而是被用户无情地抛弃。相反，小米之所以能够在群雄逐鹿甚至苹果一家独大的竞争中脱颖而出，则是因为获得了用户的拥戴——小米不是"我有"思维，而是"他要"思维，小米能活下来也是源于把用户思维理解透彻了。（详见图1-2）

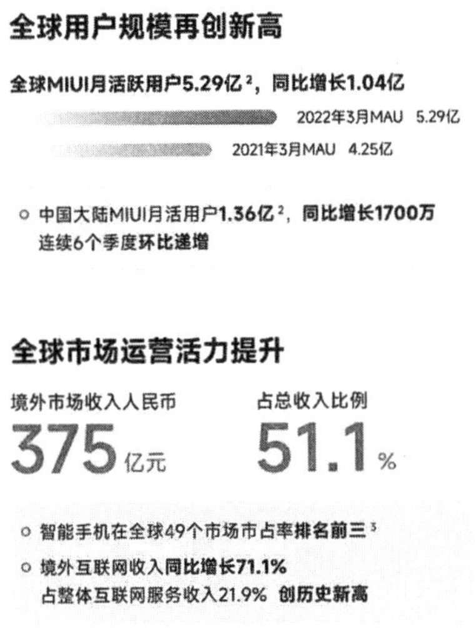

全球用户规模再创新高

全球MIUI月活跃用户5.29亿², 同比增长1.04亿

2022年3月MAU 5.29亿
2021年3月MAU 4.25亿

○ 中国大陆MIUI月活用户1.36亿², 同比增长1700万
连续6个季度环比递增

全球市场运营活力提升

境外市场收入人民币 **375**亿元　占总收入比例 **51.1**%

○ 智能手机在全球49个市场市占率排名前三³
○ 境外互联网收入同比增长71.1%
占整体互联网服务收入21.9% 创历史新高

图1-2　小米官方发布的2022年一季度的运营数据

2020年4月8日，雷军在微博上转发了一篇讲述自己做小米手机初衷的媒体采访。雷军表示，自己在创立小米以前就是手机发烧友，他大概用过将近60部手机，他所说的"用"是把自己当作用户认认真真去使用，不只是买来玩一玩。（详见图1-3）

图1-3　雷军的手机使用体验测试

也正是因为雷军在使用过这么多部手机后，作为用户他都觉得体验不是很好，不能令自己满意，于是他才决定做手机。用他自己的话说是："我想找一个我自己喜欢干，我能干，自己觉得比较大的事情，所以我选择了手机。"

那么，问题来了：用户究竟需要什么样的手机？（详见图1-4）

图1-4　雷军对手机行业的思考

其实，雷军试用几十部手机的过程也是研究用户的过程，关于这个问题，没有人比雷军这位超级用户更有发言权。后来的故事大家都知道了，小米用了十年的时间，销售额突破了2000亿元。

第三，小米的先胜思维。

归结起来，雷军在创办小米之前，早已把一切都想明白，没有了思维的短板，才能高速奔跑，这是典型的先胜思维。雷军并不是先急于将手机做出来再想办法卖给用户，而是花了整整4年的时间去研究对手、研究用户的需求，深度了解用户的需求和痛点，也了解对手的短板，把这些问题全部想明白后，帮用户做出了一部真正高性价比的手机，难怪小米手机一经推出，用户为之欢呼，难怪小米用飞一般的速度站在了时代的风口。

创业维艰，抬头看路，才是我们驶向远方最有力的桨！

从商业思维到商战思维：精准获客，留住用户

任何一个行业刚开始都是群雄逐鹿，打到最后就只剩下几个了。正如过去企业在一个行业里打江山，刚开始市场一片空白，只要你敢打、敢干，只要你有一点做市场的基本功就有很大机会突围。然而，今天的商业已经进入了一个全新的领域，叫存量争夺战，各行各业的市场已经趋于饱和与同质化。在这样的时代背景下，无论企业或个人，如果你想生存，就要从传统的商业思维过渡到4.0时代的商战思维。

● 未来商业的核心思维——精准获客，留住用户

纵观改革开放以来的商业历史，我认为主要历经了四次迭代发展，如图1-5所示：

做生意，什么最重要？

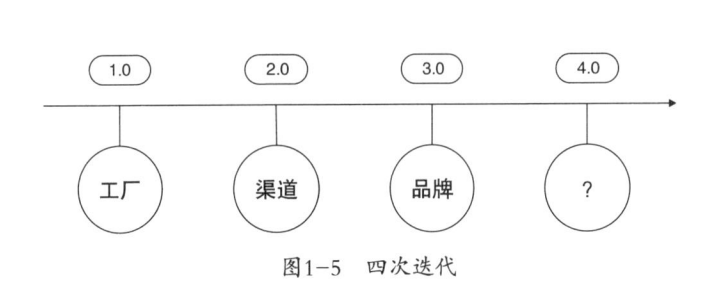

1.0 工厂 → 2.0 渠道 → 3.0 品牌 → 4.0 ？

图1-5 四次迭代

第一，1.0时代——工厂最重要

在我国改革开放初期，做生意，工厂最重要。

1992年，南方谈话的发布预示着中国改革开放进入了新的阶段。也是从那时起，中国的国有企业改制上市，建立了现代企业制度，同时为盘活民企提供了路径。那时我国国内生产物资十分匮乏，只要企业能把东西做出来就会大卖。

第二，2.0时代——渠道最重要

随着企业生产的产品越来越多，开始出现"产能过剩"的现象，这是一件很可怕的事。因为在市场供大于求的情况下，不管是什么产品，企业都会急于出手，反正对消费者而言"你不卖有人卖，你不做有人做"。所以，在这个阶段大批工厂开始倒闭，尤其是那些粗放式的生产方式逐一被淘汰。

可以说，在这个阶段是谁有工厂谁头疼。许多企业家开始意识到，不仅要有产品，还要有渠道。娃哈哈一年能做出500亿的产值，就是因为有遍布全国的380万个终端渠道；红牛一年做出200亿的业绩，也是因为有130万个终端渠道；王老吉一年也是200亿的产值，还是因为有遍布全国300万个终端渠道。同样，微商、电商的兴起也是因为重构了渠道。

第三，3.0时代——品牌最重要

有了渠道之后，超市里琳琅满目的产品最后也通过电商遍布全国，可渐渐地，许多企业发现：为什么消费者不买？因为到了3.0时代，比渠道更重要的是品牌。

道理很简单，全国那么多品牌的矿泉水，为什么有人只认农夫山泉？相反，恒大冰泉投资了40亿，把渠道、广告铺遍全中国，最后却铩羽而归。原因就在于当时的饮用水市场有屹立不倒的四大品牌——娃哈哈纯净水、康师傅矿泉水、农夫山泉天然水以及怡宝纯净水。

可见，就算企业有钱、有渠道，品牌的形成也需要一个过程。

第四，4.0时代——用户最重要

到了现如今的4.0时代，越来越多的人发现，有了工厂、渠道、品牌，但是业绩依然在下滑。直到2010年小米企业的创办,拉开了中国商业4.0时代的序幕。

具体来看,小米在创业时面对的竞争对手不计其数,国际品牌有三星、摩托罗拉、诺基亚、黑莓等,国产品牌有华为、酷派、联想、夏新、长虹、康佳等,可以说是竞争异常激烈。由于当年的手机都是在三大移动通信终端卖,刚刚起步的小米一没有品牌,二没有渠道,三没有工厂,可为什么小米的兴起直接干掉了一众竞争对手?

再如中国的电动汽车三甲品牌,理想、小鹏和蔚来,他们在2014、2015、2016年创办时,竞争对手从奔驰、宝马到大众本田,这些公司从上到下有强大的品牌,完整的渠道、生产链和供应链,同时还要面对强大的特斯拉,在这种情况下,三个互联网造车的人面临的是全球燃油汽车的围追堵截,但为什么在短短几年间,连曾经估值最低的小鹏也破了500亿美金?

同样,闪亮柚在2021年4月份创办的时候,面临的近视防控江湖是:遍布全国的眼镜店,其中的两个巨头是蔡司和益达康;还有最具权威性的中国眼科医院,当时最大的眼科医院市值高达3600亿人民币;不仅如此,全国的视力保健中心更是遍地开花。在这种情况下,没有渠道和品牌的闪亮柚4个月时间,在全国开了150家门店,而这个数字还在以每个月平均落地30~50家门店的数量增加着。

上述这些企业,是如何做到的?在没有强大的实力和雄厚的背景下,他们是如何闯出一片天地的?

传统商业架构

F —— B —— C
(工厂制造) (品牌渠道) (服务用户)

图1-6 中国传统商业架构

这些问题背后的商业逻辑和核心理论是:大多数人还在用传统的商业思维,即制造业的思维做生意。(详见图1-6)而当下商业4.0时代的思维逻

辑，其核心是——精准获客并留住用户。先搞定用户，再拓展渠道，最后强化平台。（详见图1-7）

新商业架构

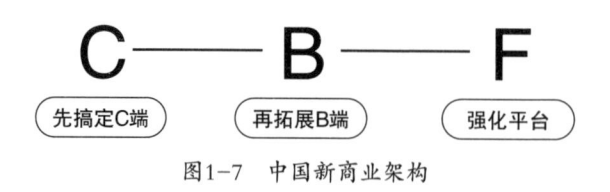

C —— B —— F

（先搞定C端）（再拓展B端）（强化平台）

图1-7 中国新商业架构

其一，今天的企业不好做，本质是搞不定用户。一个人最可怕的思维习惯就是故步自封、闭门造车，做产品也是一样。产品好不好你说了不算，好产品是消费者说了算，好产品自身会与消费者对话。然而，在现实中仍有很多人沉迷在自己的产品、专利技术中"自嗨"，所以我们发现，许多人仅仅是因为有了一个自认为的好项目、好产品、好技术就开始了创业。有这样创业思维的人，结果基本可以用三个字概况：赢不了。

其二，现在做生意用户最重要。波导、诺基亚的倒闭并不是因为小米和苹果的出现，而是被用户无情地抛弃；当用户更认可电动车时，燃油车再强大也没用。尽管特斯拉有诸多负面新闻，然而特斯拉却依然能在一个月内销售5万台，其市值更是高达1万亿美金。

随着中国商业的发展，今天的市场已经非常成熟和理智，上述4.0时代的成功企业代表就是掌握了搞定用户的核心密码，才获得了从零开始并走向"一"的能力，接着通过拓展渠道又获得了从一到百的能力，这也是为什么现在有些人单店做得特别好，但就是做不了连锁店；为什么有的人能创业，但就是带不起团队。所以，接下来只要你懂得拓展渠道的逻辑，你就可以在线下打造千城万店，做团队就可以打造千军万马，最后再强化平台并思考如何做百年企业。

经营企业如同带兵打仗，商战永不停歇，有企业的地方，就有江湖。与其一味地感叹这些商业奇迹，不如找出背后有章可循的商业逻辑与商战策略。这样企业才能在瞬息万变的大环境下，立于不败之地！

从资源思维到用户思维：服务用户，一生一世

当我们留住用户之后，接下来要想办法服务用户并长久持续，否则就算你做得再好，最后也会被用户无情地抛弃。由此，我们必须要继续升级思维，服务用户的核心是要从"我有"转变为"他要"。

● 以用户为中心，服务用户——我有VS他要

读懂你的用户、搞定用户，是引发成交的开始。然而，很多人卖产品销量差，囤积了大量库存，看似和别人付出了差不多的努力，但一个月的销售额还不及人家一天的业绩。其实，最根本的问题就是思维出了问题，你以为你的产品堪称世界奇迹、宇宙无敌好用，你以为人人都需要你这款产品，你以为自己很了解用户。很可惜——你以为的只是你以为。如图1-8所示，你眼中的产品可能是这样的：

图1-8 你眼中的产品

用户眼中的产品很可能是这样的，如图1-9所示：

图1-9　用户眼中的产品

简单来说，用户在决策前，心中充满了各式各样的疑问，如果此时你没有一颗"同理心"换位思考，把思维切换到用户的角度，去领会用户的心理、情感、精神和物质上的深层需求，那么就会导致你沉浸在自己的幻想中，产品仅仅是"你想给"，而不是"他想要"。

我曾参加过一个知名品牌的招商会，与会者共有200人并且全部都是做渠道的，品牌方也很大方，管吃管住且全员安排入住五星级酒店。待遇不错，品牌方老板在台上苦口婆心地讲了一个半小时，然而结果却只招了一个人，另外199个人对此次招商无动于衷。会议结束后，该品牌老板找到我说："张总，难道我讲得不好吗？为什么我讲半天，台下一点反馈都没有？招商结果更是差强人意。"

我回答得很直白："如今时代变了，市场变了，用户也变了。您在台上讲了50分钟，也讲得很好，可您都是在讲您自己有什么——我有工厂、我有渠道、我有品牌、我有钱、我有资源……您都是在聊自己，关注自己有什么，但您似乎不关心台下坐着的人到底想要什么。既然台下坐着的人是您招商的目标客户，那么，是'您有'比较重要，还是'他要'比较重要？"

这些事听起来或许有些残忍，但从商业的角度来分析，本质上这就是从来没有考虑过别人的感受和需求。在家庭中，你总是以自己为思考问题的出发点，没有考虑过爱人、父母、孩子的需求。同样，在商场中，你没有考虑过用户的需求——"他要"，只是一味地活在"我有"的世界中。通俗地说，你都全然不顾及别人的感受，别人又凭什么要来买你的产品呢？

在《庄子·秋水》中有一句话叫"子非鱼安知鱼之乐"说的也正是这个道理，你的产品可能没有什么不好，但那只是你的"独乐乐"，而不是用户真正想要的快乐。所以，我们不仅要有商战思维，还要有用户思维。

用户思维，就是你能跳脱出产品本身，并抽离自己的角色，把同理心转移到用户身上，站在用户的视角去共情，按照用户的深度需求和行为习惯去设计产品，而不是想当然地按照功能和逻辑去设计产品，也就是从我有思维变成他要思维。

最典型的例子就是辉煌一时的诺基亚，从几乎人手一部到无人问津，最后黯然退场。早在2007年1月9日，第一代iPhone就已问世，而诺基亚是在2013年9月2日迎来它的"最后一天"。经过多轮艰难谈判后，最终诺基亚宣布将手机业务以73亿美元的价格贱卖给微软。

2007年初，苹果公司在发布第一代iPhone时，诺基亚也第一时间拿到了iPhone的样机，诺基亚总裁问的第一个问题是："iPhone有我们诺基亚抗摔吗？"

没错，在很长的一段时间里，诺基亚都说iPhone的防摔性能太差，而诺基亚不仅能砸核桃，甚至还能挡子弹；不仅如此，诺基亚还说iPhone的短信排列设计简直反人类，可几年后几乎所有手机短信的排列都和iPhone无异；再后来，诺基亚董事长断言说iPhone要想打入市场，首先必须要把品牌知名度转化成有效的市场份额。结果，iPhone活了下来且一直活得很好。

事实证明，诺基亚忘记了一点——用户买手机不是用来摔的，而是用来使用的，使用者更加注重内心的感受，在这个颜值经济时代，人们不仅注重性能，更注重颜值。然而，诺基亚却活在"我有"的世界中，对用户需求的变化采取漠视态度导致它失去了翻盘的机会。所以，用户思维就是从"我有"到"他要"，这不只是残酷的现实，更是商业的本质。

商场如战场，最可怕的不是断臂求生，而是没有断臂求生的思维，最后只能落得满盘皆输。毕竟，只有活下去才有翻盘的机会。

从先战思维到先胜思维：上兵伐谋，先胜后战

请大家回想一下，过去你做生意是先胜还是先战？

商场如战场，活下来的机会不多，翻盘的机会就更少，如果你没有十足的把握最好不要盲动。

● 先胜后战的本质——立于不败而后求胜

什么叫先胜后战？

孙子认为，真正厉害的将领是在战争没有开打之前，已经知道有极大的胜算把握，所以他才会去打——这就叫先胜而后战。换句话说，在投资一个项目时，必须确定大概率能赢才去投，否则就不要去，这就是先胜思维。而传统思维则是先战——投了再说，打了再看能不能打赢，这样的做法大概率会以溃败收场。

《孙子兵法》刚好相反，孙子不只是教我们怎样打胜仗，而是教我们如何不打败仗，这才是孙子兵法的精髓。因此，先胜后战的本质是立于不败而后求胜——你想先胜，首先要不败，才有资格和底气去谈胜利、想未来。

有很多人好不容易存到100万的积蓄，决定创业，匆匆忙忙在小区楼下开个面馆，一不去看这条街的流量，二不去看这小区周边三公里内的人群，三不去看这条街都有什么同类品牌……总之，从门店装修到门店开业，从来不考虑用户是谁？对手是谁？自己的优势是什么？劣势是什么？什么都不看就敢创业投资。那么这样的创业，成功率有多高呢？也许你会说："很多人都

是这样创业，稀里糊涂成功的呀？"但是，你不要忘记，过去是增量市场，拼的是胆量，现在是存量市场，拼的是专业。如果没有必胜的把握，就不要投资，如果不投资，至少100万还在自己的口袋里，如果盲目投资失败了，不只是耗损了100万资本，还会让信心受挫，甚至连累家庭。

然而，悔之晚矣！

我们说商场如战场。其实，在今天这个不确定性的时代里，商场甚至比战场还要残酷，虽不见硝烟却危机四伏，明枪暗箭，不进则退。你分分钟都有可能从行业的金字塔尖跌落至谷底。

所以，在竞争如此激烈的环境中，你如何才能求胜？不败才能求胜！你怎么才能赚钱？不亏损才能赚钱！如果说经营企业，赚钱是一种胜利，那么，不亏损就相当于是不败，不败而后求胜！你才能更好地规划未来如何赚钱、赚大钱。

那么，确保不败之后，怎样才能知道你能不能先胜呢？

孙子已经替我们回答了这个问题："夫未战而庙算胜者，得算多也；未战而庙算不胜者，得算少也。多算胜，少算不胜……"

也就是说我们在开打之前要做两件事：

第一，谋；

第二，算。

这也是《孙子兵法》的核心思想——谋定而后动，知其然更要知其所以然，一定不要轻举妄动。在企业中，一切动作都是成本。当你决定去干一件事时，就要聚焦结果，否则还没有谋划好就盲动，没有结果只会产生源源不断的成本，如时间成本、人力成本、资金成本等消耗你的收益。但现实中，我们一叶障目，盲动的时候太多了，这也是导致我们失败的重要根源。最后，我们再来回顾一下三大思维：

第一，商战思维——研究对手；

第二，用户思维——读懂用户；

第三，先胜思维——立于不败。

以上就是我们的三大获客思维，清楚其中的底层逻辑，有了好的思维，有了好的行为，自然会有好的结果。这三大思维是我们洞察用户需求、成功获客的核心思想，后面我们就是用这三大思维作为思想指导来指导我们的行为。

PART 2

思维落地：
八个问题，读懂用户

很多时候，我们不知道问题在哪就是最大的问题。

当你的思维升级了以后，你只是获得了从零到一的能力，在真正的实践中，你还要满足需求、挖掘价值、拓展渠道等等，获得从一到百的能力。在创业之初，你需要先回答用户的 8 个问题。如果你能回答得很好，你再去市场中拼杀也不迟，回答不了的话你最好先按兵不动，否则出去就是死路一条。

《孙子兵法》中强调"故胜兵若以镒称铢，败兵若以铢称镒"。

意思是说双方的差距就像镒和铢的差距一样，镒和铢都是重量单位，20 两是 1 镒，24 铢是 1 两，因此 1 镒相当于 480 铢，480 : 1，你怎么能打得赢镒呢!

所以，"形"在战斗前，"势"在战斗中。在开战之前，你要有一个大体上的得失计算，看看自己胜算有多大。《孙子兵法》的本质是教你慎战，如果没有必胜的把握，就先不要打。所以《孙子兵法》讲上兵伐谋，先胜后战。"先为不可胜，以待敌之可胜"，古代真正善战的人，都是先规划自己，使自己成为不可战胜的，然后再静待时机，观察敌人什么时候可以被战胜。

正所谓知己知彼。想留住用户，首先你要读懂用户。所以，这一部分的八个问题，也是我们要寻找的打胜仗的答案。

洞察关键——读懂用户的八个问题

《孙子兵法》在开篇就说:"兵者,国之大事,死生之地,存亡之道,不可不察也。故经之以五事,校之以计,而索其情:一曰道,二曰天,三曰地,四曰将,五曰法。"意思是说,战争之前先必须通过敌我双方五个方面的分析,以及双方的基本情况和条件的比较来判断战争胜负的情形。

也就是说,根据你对这些问题的回答,孙子就能推算出你的胜和败——用战争的语言叫作沙盘推演。

同理,今天我们想要创业也应该先进行沙盘推演,因为如果你在沙盘上都打不赢,在更加残酷的现实市场上也一定打不赢。

我将新零售课程进一步优化,总结出了读懂用户的八个问题,也就是我们在商场中干成事、打胜仗、洞察用户需求的八个关键,并以对应的八步来解决这八大问题。如果你回答不上来以下八个问题,说明你没有深度思考,那么你战败的概率就非常大。

第一问,你的产品卖给谁?

卖产品之前,你找对了你的客户吗?这个问题很简单,但很多人、很多企业到今天都不能准确地说出,你的产品卖给谁?我们恨不得将产品卖给所有人,谁是我们的客户我们并不清楚,往往在不是目标客户的人身上,浪费太多精力、时间、资源，反而错过了那些真正有需求的客户。

因此，你是想卖给女人还是男人、老人还是孩子、低端还是高端客户——如果你连这些最基本的问题都想不清楚，说明你根本就不重视，你找到的目标客户也不可能精准。

第二问，用户为什么买？

如果你想清楚了第一个问题，顺利找到了目标客户，那么，他们为什么一定会买这个产品呢？这个问题是基于品类的思考，可以归结为一个问题——这个行业为什么要存在？雷军正是基于行业的思考，才深刻洞察了用户的需求，想明白了用户需要一款什么样的手机。如果你没有基于品类和行业的思考，只顾着"自嗨"，对用户的需求也就不会了解。如果你发现不了别人发现不了的需求，怎么才能创造出别人创造不出的产品呢？小米、微信、抖音为什么会诞生？本质是雷军、张小龙、张一鸣发现了别人发现不了的需求，看到了别人看不到的痛点！这就是认知差，人和人、企与企的第一差距，就是认知差距！

第三问，用户为什么非买你的不可？

当你深刻洞察了行业，捕捉到了用户的需求，接下来你还要扪心自问，市场上好产品琳琅满目，用户为什么非买你的不可呢？你的产品竞争力是什么，如何能打动用户购买？如果你没有思考过这个问题，那如何十年磨一剑，打造你的产品卖点，打造你企业的核心竞争力？没有核心竞争力，又如何服务用户的心呢？

第四问，用户凭什么相信你？

你终于打磨出了一款具有竞争力的产品，但会不会只是"你以为"的呢？用户凭什么相信你呢？

王老吉说，"怕上火，喝王老吉"，用户可能会质疑："我凭什么相信你？"

沃尔玛说："天天低价"，用户会说："无商不奸，都是广告！"

所以，如果说卖点是产品的价值，那么你一定要想一想，客户凭什么相信你！

第五问，用户怎么知道你？

用户永远不会买自己不知道的东西。而你如果不想办法让用户知道你、了解你，那么你的产品再好，恐怕用户也永远不会与你产生链接。这也是为什么很多品牌在还没有被用户知晓的时候，就被淹没在时代的洪流中了。

因此，如何构建企业的传播体系，让更多人知道你，是每一家企业的必修课。

第六问，用户怎么买？

我们常常抱怨"用户都去哪儿了？"殊不知，很多有购买意向的用户都很难在第一时间找到你。

当用户知道你，对你产生兴趣以后，就会产生购买的冲动。那么，你的销售渠道在哪里？在线上、线下还是直播间？用户在哪里买更方便呢？当用户想买你的产品的时候，能不能很容易找到你呢？

第七问，谁来卖给用户？

你好不容易研发出了一个绝世好产品，但是没有人帮你卖，你也很难一个人把品牌推向全国，因此，你的渠道如何建立？你的团队如何搭建？你是自己卖还是合作伙伴卖？

第八问，如何卖100年？

当你弄懂了上面七个问题之后，现在还有最后一个问题，我们花了这么多精力、心血，打造的商业体系，如果只能做几年，那不是非常可惜吗？

因此我们还要问最后一个问题：我的企业如何做到100年？如何能够传承百年？就像马云在创业之初，就定下做102年的远大目标！

很多人说做不到呀，但能不能做到是一回事，知道不知道是另一回事。如果你连想都没有想过这个问题，那么你的短视思维难免会令你在危机到来时昏招频出。

以上八个问题，环环相扣，缺一不可。如果你能把这八个问题完整回答出来，才是精准获客、有效成交的开始。

有人说，过去自己没有想明白也能打胜仗，那是因为过去是增量市场，很多人稀里糊涂就把钱赚了，而今天是存量市场，你再试试如果还是从前那般稀里糊涂还能打胜仗吗？

说到底，思维决定行为，当我们把思维升级、格局打开后，必须先让思维落地，才能在后面的实践中"因时而变，因势而动"。没有好的思维模式，就没有市场的胜局。

接下来，就让我们逐一拆解，分别详细阐述这八个问题，在问题中深度思考，同时看看别人是怎么做的，并进一步谋算如何行动来回答这八个问题。总之，用思想的改变和能力的蜕变来迎战新巅峰，才能让企业逆势崛起，绝地翻盘！

第一问

你的产品卖给谁？

任何一家企业想要成功，首先必须要有精准的目标客户。如果你在战场上第一枪就打错了，那么后面就全错了，而每一枪打出去的子弹都成了浪费资源。

为什么特斯拉如此强大，理想、蔚来、小鹏依然能把市场做起来？

闪亮柚究竟卖给谁？我们为什么不卖给所有人，而是专门卖给 6～18 岁孩子的家长？

很多人在出发之前都没有把这个问题想清楚，认为自己的产品可以卖给全世界的人。

那么问题来了：你怎么把每一个产品都做到极致？你如何为每个人都提供最有价值的产品和服务？当不同人群的战场完全不一样时，你的战场如何确定？一旦你每个战场都想赢，谁都想征服，你的兵怎么派？如果只是用你有限的资源去到处撒网，这场仗你能打赢吗？……如果你连产品卖给谁都不知道，你也不可能精准地找到你的用户！

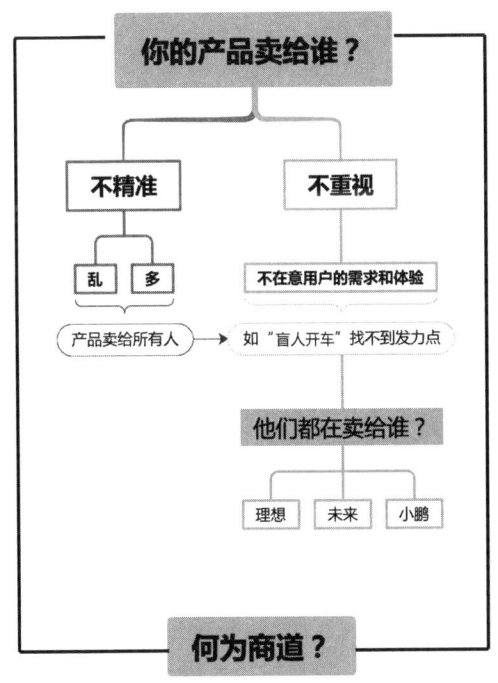

现状 不精准 VS 不重视

如果我们把市场比作战场,那么,你在出发准备打仗之前必须明确一个问题:你的产品卖给谁,也就是一定要明确你的目标客户是谁。然而,当今企业一大现状却是不精准和不重视。

● **当今企业现状——对待用户不精准、不重视**

首先,不精准具体表现为以下两点:

> 第一,乱——什么客户都去见,什么人都接待,谁的钱都想赚。
> 第二,多——客户多多益善,殊不知,用户群体不同,需求也不尽相同。

其次,大部分企业的老板并不重视用户,每天都在做管理,搞流程,唯独不深入市场去见见用户,并且他们自己往往没有意识到,企业已经脱离用户已久。

大概在一年多以前，我自己的项目刚启动的时候，很多人问我："我们既然是做近视防控，为什么不叫视力服务中心呢？这样一来我们既可以做青少年近视防控，还可以针对老花、弱视、青光眼甚至飞蚊症等展开多项业务，男人、女人、老人、孩子，不管谁来了都是咱们的客户，我们还能多赚钱，多好啊！"

我想，不只是发问的这位朋友，很多人都巴不得全天下的人都是自己的客户，而我的回答是："难道你没听过一句话吗？——多则惑，少则得。"

当男人、女人、老人、孩子，所有人都成为你的客户时，不同类型的人有不同的需求，那么，你如何解决以下问题：

> 你怎么把每一个产品都做到极致？
> 你如何为每个人都提供最有价值的产品和服务？
> 当四类人群的战场完全不一样时，你的战场如何确定？
> 一旦你每个战场都想赢，谁都想征服，你的兵怎么派？
> 如果只是用你有限的资源去到处撒网，这场仗你能打赢吗？
> 说给男人的话，女人听不懂；说给女人的话，男人不喜欢，你的广告怎么做？
> 广告都做不成，你的每一笔钱打算怎么花，商业模式怎么做……

很显然，当你的目标不精准时，资源配置等一系列环节就会出现问题，你的产品就会做得不入流。此时，你的用户再多也无济于事，因为他们根本不会为你买单，而你则进入了盲人开车的状态，想得脑袋疼却依然看不清前方的路。

多年以前，我在一家生产洗衣粉的企业做过总经理。令我印象深刻的是，我初次去该企业的工厂参观时，我根本无法想象这是一家洗衣粉制造商，且不评说其他方面，就说洗衣粉的规格，除了有75克的小包装，还有125

克、300克、500克、750克、1000克、3000克等十几种规格。我问研发人员，为什么要设计这么多规格，对方回答："有的用户喜欢大桶的，有的用户喜欢小包装，有的用户喜欢多的，有的用户喜欢少的。"

乍一听似乎还挺为用户着想，但他们没有意识到自己最大的问题，如果这家企业只这一种产品就有十几种规格，后果将不堪设想。当我推开企业库房的大门，果然验证了我的想法。企业的库房并不大，但里面却有堆积如山的材料和包装箱，如果一个规格一种包装，那么一家企业每一个批次不可能只做一个，可如果每种规格的包装都大批量生产。试想，一个小小的库房就已被堆积如山的包装铺满，最后很可能捡了芝麻丢西瓜，哪个都卖不好。一旦卖不好，便可能面临全部亏损的风险。有太多人在过去三十年甚至今天的商业市场上犯下过如此巨大的错误。

一代股神沃伦·巴菲特曾说："如果你不清楚界限在哪里，就不能算是拥有一种能力，如果你不知道你的能力范围在哪里，你就会身陷于灾难之中，如果你知道了能力圈的边界所在，你将比那些能力圈虽然比你大5倍却不知道边界所在的人，要富有得多。"这也是他最著名的能力圈原则。然而，大多数人都是活在自己的认知"圈层"里，从"自以为是"的视角去理解用户、理解商业、理解这个世界。

猎豹移动CEO傅盛在《认知三部曲之一：成长就是认知升级》中，将人们对自己的认知分为以下4种，如图2-1所示：

第一种——不知道自己知道；

第二种——知道自己知道；

第三种——知道自己不知道；

第四种——不知道自己不知道。

```
              已知
               │
   不知道自己知道  │  知道自己知道
               │
自己不知道 ──────┼──────→ 自己知道
               │
   不知道自己不知道 │ 知道自己不知道
               │
              未知
```

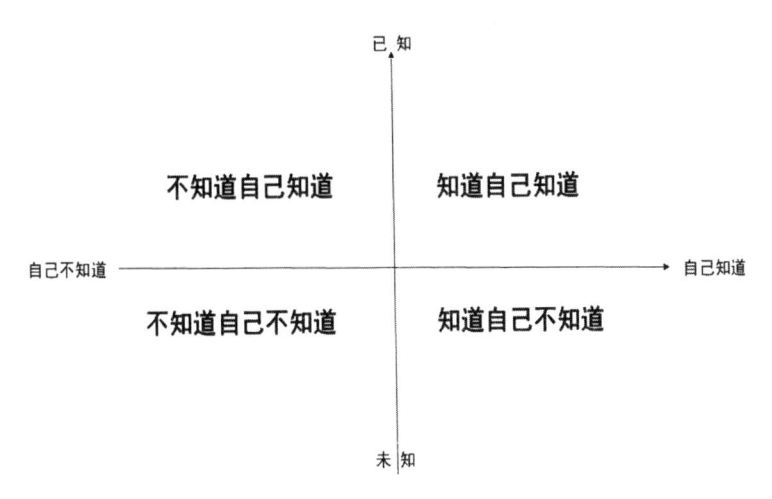

图2-1 人们的四种认知

其实，犯错不可怕，最可怕的是不知道自己不知道——很多人意识不到自己犯了错，更不知自己究竟错在哪里、如何改正，于是长时间地在一条错误的道路上徘徊，也许你付出了很多，也许你也很努力，但这种错误的发力到头来并不能感动用户，最多只是感动了你自己而已。

当我们什么都想要的时候，往往什么也得不到。经营企业和经营人生一样，如果我们总是东一下、西一下，那么自始至终都找不到一个发力点。故而老子有言"治大国如烹小鲜"，说的就是这个道理。

思考 他们都在卖给谁？

口说无凭，实践是检验真理的唯一标准。接下来，我会列举一些常见的真实案例去佐证每一个问题。以此来说明我们为什么要这样思考，同时启发我们下一步该怎么做。

既然精准地找到目标用户如此重要，那我们究竟要卖给谁？先来看看下面这些企业都把产品卖给了谁。

● 这些品牌究竟在卖给谁？

为什么特斯拉如此强大，理想、蔚来、小鹏依然能把市场做起来？

这是一个真实的故事，有段时间我在杭州由于开车限行，所以决定买辆电动车。由于我本身就是做营销出身，所以正好可以研究一下当前电动车市场上这些车企能够闯出来的原因。我先找到了电动汽车的开创者、极致性能的代表——特斯拉。特斯拉以人群的焦点为自我标榜，它的车是卖给对车子的性能有追求的人以及观念较为时尚前卫的人群。所以你去到特斯拉的店会明显感觉到科技感和前沿的技术。例如，销售员会告诉你车在百公里加速2.9秒，最慢的也有3.9秒，当你试驾的时候就会感觉到眼前这部车的性能的确很厉害。此外，特斯拉的自动驾驶技术先进到，销售员只要原地站在那里车子就能被自动唤醒，把车子叫到自己旁边。但这样一款性能品质极佳的特斯拉Model 3仅卖23万元，在这种情况下，其他品牌怎么活呢？

于是我来到第二家门店——理想。我问销售员："你们家的车与特斯拉有什么区别？"销售员想都没想，张口就回答了我三个问题："第一，我们的车与特斯拉的用户不同，定位不同，我们的车主要卖给家庭用户。第二，我们车的优点是让用户不会有里程焦虑。你开特斯拉回老家，中途要去充电，如果没有充电站或者需要排队，你就会很担忧。而我们的车续航是1200公里，几乎可以随便跑，技术是增程式，简单来说就是油电混合式。第三，虽然百公里加速几秒是特斯拉的核心优势，但我们的车不搞百公里加速，如果您带着爸妈出去旅行，100公里加速并不合适，安全第一。"的确，家庭用车第一就是舒适和安全。一下子我就明白了，理想之所以卖得好主要有三点原因：第一，舒适7座；第二，没有里程焦虑；第三，体验感除了舒适外，更有安全感。

接着，我又去了第三家——蔚来。我问销售员："你们的车和理想有什么区别？"对方说："我们的定位是高端商务电动车，我们要做电动车里的保时捷。"所以，蔚来做得好的关键就是服务，主要客户是商务人士，对于商务人士来说，想要买一台电动车一定要彰显身份。所以，今天在商业领域拥有蔚来电动车的人买的就是身份感的象征。

后来我又去了第四家店——小鹏。我问销售员："你们的车与其他品牌有什么区别？"销售员说："我们是中国最懂电动车的品牌，我们主要是卖给喜欢语言交互人，并且是偏向于低价且喜欢展现自我的人，所以在外观设计上，小鹏的机翼非常高端时尚。尤其是P7型号的机翼面板，以其高分辨率的颜色和杰出的设计征服了用户。"

我发现上述4家企业之所以能在同一个市场中都做得很好，主要原因就是因为他们的目标用户都很精准但彼此之间服务的客户群体不一样。

未来，任何一家企业想要成功，首先必须要有精准的目标客户。如果你在战场上第一枪就打错了，那么后面就全错了，而每一枪打出去的子弹都成了资源浪费。

回过头来思考上一节的问题，闪亮柚究竟卖给谁？我们为什么不卖给所有人而是专门卖给6~18岁孩子的家长。首先，孩子是我们的用户，而家长是我们的目标客户，因为未成年的孩子没有钱，而家长具有购买力。曾有一个卖猪饲料的朋友，我问他："你的客户是谁？"对方说："我的客户是猪。"但要知道，猪并不能给你钱，你的客户是养猪的人。所以，定位要准确，如果定位错了，接下来你的宣传和推广就会以孩子为目标，后面所有的努力都白费。其次，卖给男人和卖给女人完全不同，卖给老人和卖给孩子完全不同，但是大多数人在出发之前都没有把这个问题想清楚。很多人认为自己的产品可以卖给全世界的人。

搞清楚了用户是谁，接下来，你还要清楚你的用户在哪里，否则你就没有办法用你的产品做场景植入，你的产品就不会经常出现在用户目光所及之处。当理想的车卖给家庭用户，它投广告的核心地点就在社区；当蔚来的车卖给商业人士，它投广告的核心点就在机场等地方。这样你才能找到发力点，顺利到达罗马！

洞察 商道本质：找到发力点

俗话说，"条条大路通罗马"，在商界，"罗马"代表着我们想要的结果，而这里的路既是道路，更是商道。

何为商道？

假设罗马在A点，你在B点，那么你怎么才能到达罗马？虽然说条条大路通罗马，但是你最终只能走一条路。否则，你今天走这条路，走着走着发现此路不通，于是又退回去选择另一条路，走了几天发现路还是很难走，于是再去选择别的路。你信不信，这样的走法你永远都到不了罗马。

回到现实生活中，我们有多少次都是走了一段路又回来，又走一段路又退回来，我们总是耗费大量的时间和精力不断地改换路线，结果往往是走了很久都没有到达向往的目的地。同样，很多人做了十几年依然赚不到钱，还有人做了二十年都没有把企业做起来，有太多人都没有到达过真正的罗马。所以，如果把"罗马"看成是"我要赚一个亿""我要成为行业第一"等各种各样的目标，你不妨用十年、二十年的时间去检验一下，你有没有达成你的结果。如果没有达成，从商业的本质来说，是因为你始终没有找到那条通往罗马的路。

我有位开餐厅的朋友，他不知道自己到底服务谁，更不知道他们为什么买，对于用户从来没有研究，最后导致他的产品定位完全混乱。他起初是卖米线，做了一段时间发现米线不好卖，于是开始卖包子，后来又发现卖包子不赚钱，又开始卖油条。几经折腾，今天东一下，明天西一下，什么都卖，最终什么也没卖好，以失败告终。

这并不稀奇，其实满大街都是这种"无头苍蝇"式的创业者，他们始终找不到一条路。尽管在出发之前，你可能是有资源、有资金、有时间和精力的，但是如果路没有找对，那么你的金钱、时间、精力是不是就全部都浪费了？

要想找到突破口，我们可以用一个字来概括叫——点，具体解释一下就叫作发力点，找到你的发力点，然后十年磨一剑——这就是商道本质。例如，今天用户一提到毛肚火锅，立刻就会想到巴奴火锅，正是因为巴奴始终在"毛肚锅"这一个点上发力。

● 找准发力点才能水滴石穿

水滴石穿的关键就是要找到发力点，否则怎么可能穿得了石？一滴水本身是没有力量的，他只有持续在一个点上发力，持续地滴才可以穿石，做人、做生意都一样。

人最难的是什么？未知！人生最难的就是用已知赌未知。经营企业做项目，你的钱是已知的，但是你把它花在哪里是未知的。你干什么都不一定能成功，这个时候你的思维、远见、卓识就开始起作用，未来你在哪里发力，你的钱花在哪里、你要走哪条路都是由大脑的思维决定的。

然而，很多人会发现我们浪费了太多的时间去做无用功，如果在十年前我们就能找到这个发力点，恐怕早就成功了。但更可怕的是，如果一个人一辈子找不到发力点，唯恐一生都将碌碌无为。所以，回想一下你在过去的几年甚至十几年中，为什么只赚了一点小钱，因为你总是一会儿做培训，一会儿做新零售，一会儿卖A产品，一会儿卖B产品，最后你只能赚一点钱。这也是我为什么在做了许多项目之后开始反思。

我在2019年曾跟宗庆后先生合作，众所周知，宗老板做了一个产品，卖了三十年，直到今天仍是畅销品，其销售额每年超过一百亿——这就是娃哈哈。宗庆后在三十年前就找到了这个发力点，他只服务一群人——孩子，只解决孩子的一个需求——缺钙就喝AD钙奶来补钙。虽然这款产品在本质上也是一款饮料，尽管几乎所有的家长都不喜欢给孩子喝饮料，但当他们找到了"补钙"这个点之后就不一样了。或许在三十年前，只有相对富裕的家庭才能消费得起，但在今天，相信大部分的家庭都给孩子买过AD钙奶。可以说，只要它的消费群体——孩子是源源不断涌现的，娃哈哈这场用户之战就还可以继续再打三十年。

与宗庆后先生的合作给我今后的事业带来很大启发，从那之后我也终于找到了创业的发力点，我要专注于做技术、做近视防控，找到这个点之后我就可以持续发力。

1997年，苹果公司遭遇巨大的发展危机，董事会决定请回苹果的创始人乔布斯。乔布斯回到苹果公司之后，几乎所有人都认为他会开发新产品和高端产品，继续拓展渠道，但乔布斯做了什么事呢？

第一件事，把原来104个产品砍到只剩5个。根据上一节的分析，这家公司做了104个产品，最大的目的无非是谁的钱都想赚，谁都是自己的客户。

第二件事，把原来全国6个渠道砍掉，只留下1个。要知道，不同的渠道有不同的需求，唯有砍掉不重要的渠道，才能集中精力把产品做好。

终于，十年磨一剑，十年后，苹果公司推出了引领潮流的iPhone。

创办小米的雷军也学习了乔布斯的这种思维。

回想一下，十几年前我们去商场柜台买手机，华为手机有多少个款式？可以说，基本上一整个柜台全是华为手机，同样地，A柜台全部是波导，B柜台全都是康佳，不仅如此，每个品牌在每个季度还要推陈出新，所以，放眼望去每个柜台都堆砌着五花八门款式的手机。这些品牌都希望做更多的产品，满足更多用户的需求。而小米手机问世后，从始至终就只有一个产品，不管从小米1到小米7都是一个系列。后来才推出了一个低端品牌红米系列以及高端品牌小米Note系列。

小米公司多年专注做一款产品，而你一年就做三十个产品，谁能做到极致？答案不言而喻。

所以，这就叫找点，你找不到那个发力点，你的生意会非常尴尬，因为你的钱花了、时间花了、精力花了，最后却没有结果。不要总是信誓旦旦地说："把这些钱给我，这一次我一定发财"，先静下心来找准发力点才能踏上通往财富的罗马大道。

第二问

用户为什么买？

用户为什么会买，这个问题本质是讲需求的洞察，包括用户的需求以及行业的消费需求。比如，为什么用户会买电动车？为什么偏偏这三家做得好？因为电动车已经代替燃油车，从行业的角度来看是大势所趋。所以，用户会买电动车。

为什么钱大妈和百果园都能做起来？毋庸置疑，因为人们需要吃猪肉和水果。但是，我们发现有很多人，今天发明了一个新产品，但是连你的品类都需要去做市场教育时，这对用户来说就会很麻烦。为什么当年那么火的万能充现在都不行了？因为现在的用户对万能充早已经没有了需求，当用户不需要你的时候，要么不再理你，要么转投他人的怀抱。

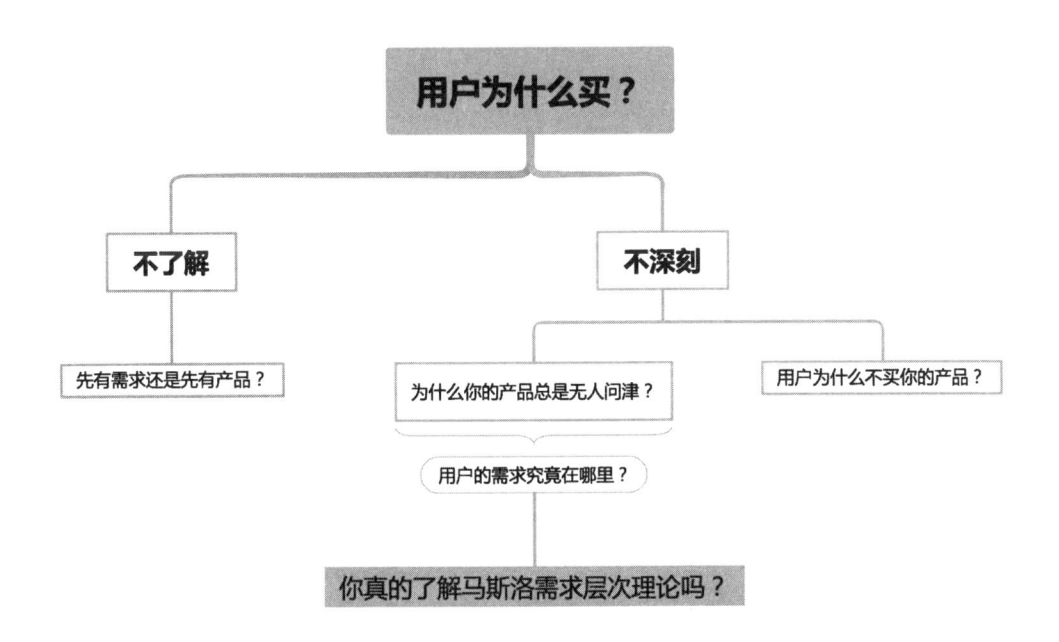

```
                    用户为什么买？
                  ┌──────┴──────┐
                不了解          不深刻
                  │         ┌────┴────┐
         先有需求还是    为什么你的产品    用户为什么不买
         先有产品？      总是无人问津？    你的产品？
                            │
                     用户的需求究竟在哪里？
                            │
                  你真的了解马斯洛需求层次理论吗？
```

> **现状** 不了解 VS 不深刻

为什么你的产品总是无人问津？

用户为什么不买你的产品？

如果你也问过自己这两个问题，说明你没有撬动用户产生购买行为背后的原因，你对用户的真实感受和需求既不深刻，亦不了解。

● **物有本末，事有终始，知所先后：先有需求，后有产品**

先来思考两个问题：

第一个问题：我们为什么要去餐厅吃饭，是什么原因触动了我们去餐厅吃饭？

简单总结，通常有以下原因：

1. 饿；
2. 社交；
3. 生意；
4. 单位请客；
5. 不想动；

6. 能吃；

7. 尝鲜；

8. 档次、面子；

9. 快；

10. 营养；

11. 方便；

12. 用餐体验（感觉）……

第二个问题：电信的公用电话亭难道是被联通打败的吗？

这两个问题的本质是用户的需求。当用户没有需求的时候，你做得再好又能怎样呢？诺基亚的手机质量是很好，但用户需要的是颜值。

所以，做生意最怕的是陷入伪需求中，对用户的需求不了解、了解得不深刻是当代很多企业面临的最大问题。

现代管理学之父彼得·德鲁克曾说过，"企业是社会的器官"。企业最深的本质——任何企业得以生存，都是因为它满足了社会某一方面的需要，实现了某种特殊的社会目的。如果对用户来说，一款产品可有可无，性价比高就用，不用对生活也没有什么影响。这样的产品既没有价值也没有卖点，更难以抢占市场。可以说，今天的市场是先有需求，后有产品，你的产品要卖给谁，根本原因不在于你的产品有多好，而在于你的用户需不需要。但今天仍有很多老板或创业者，往往是先陷入自己的产品思维中自嗨，觉得自己研发出了全世界最棒的产品，然后拿着产品去找用户，殊不知这完全是把需求与供应的关系弄反了，也难怪赚不到钱。

你也可能会说，那我们就聚焦目标客户的需求，以消费需求为导向。那你真的了解什么是真正的需求吗？它是如何产生的？用户需求的变化有没有什么规律？我们又该如何挖掘应对用户不同的需求？

第一，需求是看不见摸不着的。

需求长着一张模糊的脸，即便需求看不见、摸不着，但它又是真实存在的，并且是商业活动非常重要的一个环节。

第二，需求决定了你的产品价格和价值。

一瓶矿泉水在超市和在一个荒无人烟的沙漠中，哪里卖得更贵？再比如一个馒头，如果你天天吃，看到就想吐，你还会买它吗？但是对于一个饥肠辘辘的人来说，馒头就是救命稻草。可见，产品还是一样的产品，不同的是用户的需求不同。而需求不同，产品的价值就不同，类似的例子有很多。例如，同样的餐饮，在铁路、机场或景区内卖的相对就要贵一些等等。

第三，用户的需求是动态且多变的。

同样，用户的需求也并非一成不变，每个人的需求都是随着环境、文化、场景的不同而不同。

以餐饮业为例，回到三十年前的中国，用户的需求就是吃饱，那时人们能下一次馆子都算是值得庆祝的一件事。但在今天，人们已经不满足于只是填饱肚子，用户更要吃好，同时要吃得营养、健康，就餐环境要有品味，甚至要有趣、要好玩，满足用户的心情，否则用户都懒得踏进你的餐厅。可对于在街头流浪、睡在天桥底下的流浪汉而言，其第一需求则是吃饱。再如，大多数小孩都喜欢吃零食、女人喜欢下午茶和甜品，老人则不喜欢吵闹……如若把场景进行分类，无非是我们和同事、和友人、和家人、和情侣、和同学……有时我们需要私密的空间，有时我们需要热闹的气氛，而有时我们希望高性价比，有时却希望消费的时候有面子。社交场景不同，叠加式的需求也不尽相同。

因此，确切地说，"物有本末，事有终始，知所先后"，这才是关键。产品是应需求而生——先有需求，后有产品。需求才是第一核心，没有需求就没有商业，商业的本质就是解决社会问题和满足用户的需求——产品的源头是需求，然而，创业失败最大的悲哀不只是损失了很多钱，而是闭门造车，辛辛苦苦研发出的产品卖不出去，很多人误把自己的需求当成用户的需求了。

汽车大亨福特说过这样一句话："如果我当年去问顾客他们想要什么，他们肯定会告诉我：'一匹更快的马'。"（详见图2-2）

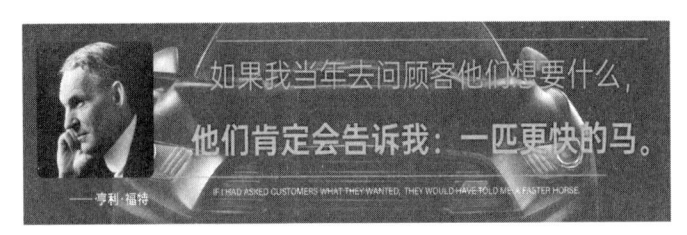

图2-2 福特对用户本质的洞察

你可能会问，都还没出现汽车这个产品，人们怎么会想到汽车这一需求呢？的确，用户看似并没有"开汽车的需求"，充其量是对"更快的马车的需求"。

但这个观点有两点需要指出的：

第一，虽然普通用户没有提前产生"我想要开汽车的需求"，但是奔驰汽车的创始人卡尔·弗里特立奇·本茨一定有这个需求，否则他就不会发明汽车了。只不过，这种具有划时代意义的跃迁式的产品，只有极少数人才能在最初发现别人看不见的需求。

第二，催生汽车这个产品的，并非"对更快的马的需求"，也并非"对汽车的需求"，而是"对更快的交通方式的需求"。

实际上，福特先生这句话的意思是指，如果真的认为用户的需求是"更快的马车"，那汽车真的就诞生不出来了。这也是我们常常犯的错误：已经明确指向某种具体事物的"需求"，不一定就是真正的需求，根据这种需求设计出的产品，往往不是最优解决方案。需求本质上是一种心理的缺乏、不满足的状态，它没有具体的指向，比如口渴了是缺能喝的补充水分的东西，而不一定是缺可口可乐、缺啤酒。

所以最后来看，仍然是先有了"对更快的交通方式的需求"，才有了汽车这个产品。

当然是先有需求，需求可以是直接的，比如，饿了需要吃的，冷了需要穿的；也可以是间接的，开会的人分散在各地到不了一个会场，提供车是直接的满足，提供视频会议系统可以看作是间接的满足。现在很多人提到"刚需"，对于创新产品，所谓刚需并不是直接的，而是等待有心人去发现。

但发现归发现，千万不要在你还不了解、了解得不深刻的时候就盲目行动起来，"需求"是一个产品之所以被称之为产品的首要前提。至于黏性和体验那是满足需求之后的事。

举个例子。如果你身在湖南，我给你一台空调，外表华丽，黄金面板，采用德国最先进的工艺装裱，极富情怀，还可以一键播放你喜欢的音乐。听起来是不是很有吸引力？但是如果我告诉你，它没有制热的功能，你还会认为它是一个能满足你需求的"好"产品吗？不会，因为你所处的环境需要冬暖夏凉，冬天能制热也很重要。同样的问题，如果在深圳，哪怕空调没有制热的功能，也不影响你认为这个空调是好产品。

所以，用户可以不知道自己为什么想要购买，但你必须具备获客思维，清楚用户购买的底层逻辑。"要做一把椅子，你首先需要清楚人们是怎样坐着的；要设计用户界面，你首先需要了解用户的意识与想法。"这种思维对我们尤为重要。

当我们从0到1开发一个产品时总是容易单方面认为产品上线后一定会被人喜欢，世界会因为你开发的产品而变得美好。但通过我自身的创业经验和以我对市面上多数产品的认知，其实多数产品，从开始开发那一刻，就面临着"死亡"了。开发产品，一定要先解决用户的某种需求，或者是能够更好地解决其他产品已经解决的需求。看似抽象，却是无可辩驳的事实。

思考 从吃饱到吃好，究竟是用户变了，还是行业需求变了？

下面，我们就以与我们老百姓距离最近的中国餐饮业为例，来进一步证实我们为什么要解决"用户为什么买"这一问题。

近年来，中国的餐饮行业可谓是风起云涌。大品牌花样百出，小品牌也有着自己的求生方式。根据艾媒咨询于2022年4月发布的《2022年中国餐饮行业发展现状及市场调研分析报告》就可以看出，纵观改革开放40年来，老百姓餐桌上的变化可以说是翻天覆地，从吃不饱到吃饱，再到吃好、吃出文化、吃出健康。舌尖上的变化，见证了一个家庭的生活变迁，也折射出改革开放给人们带来的巨大红利。而当代年轻人的饮食习惯也已经从吃饱、吃好慢慢转变为有趣、快捷、新鲜。每道菜好吃不好吃不是最重要的，重要的是它看起来一定要值得你等，值得你去吃。干冰、火焰、闪电……谁更加能刺激消费者的感官体验，谁就能在朋友圈、微博上获得话题度。

现代消费水平的提高，带动了餐饮行业的巨大发展。用户在餐饮消费上的需求也增长迅速。同时顾客精神需求的增加，使得在餐饮消费上也从传统的追求"吃饱、吃好、味道好"上升为"好吃、好看、好玩、好体验"的精神物质双重层面。这使得餐饮进入了新餐饮时代。

● 从中国餐饮业看用户需求的变化

我国的餐饮业，从最初的人们只要能"吃饱"，生意就好。后来，用户的需求渐渐变成了"吃好"——人们开始追求山珍海味，于是才逐渐有了川湘鲁豫粤等多种菜式，人们想要尝鲜，于是形成了大酒楼模式。再后来，我国交通越来越发达便利，人们可以随时随地出行，当全国各地我们都去过了，把各种风格的菜系都品尝个遍时，大酒楼的模式便不复存在了，人们的需求也进一步升级，变成了"营养""美味"。这个时候，以前的酒楼就考虑砍掉一些菜系，比如只做粤菜、川菜或者火锅，餐饮行业开始进一步细分，因为用户追求好吃。但很显然，你做那么多是很难把所有菜系都做得非常好吃的。这个漫长的过程说明了用户在历经吃饱、吃好、吃文化、吃健康的不同阶段里，其需求也悄然发生了改变。（详见图2-3）

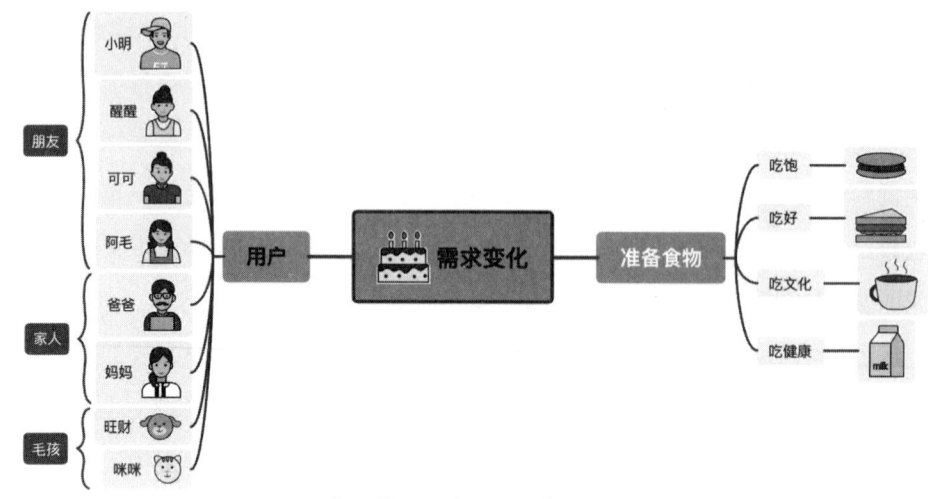

图2-3　从中国餐饮业看用户需求变化的四个阶段

具体分析如下：

第一个阶段，从"吃不饱"到"吃饱"。

改革开放后，农村实行联产承包责任制，农民的生产积极性调动了起来；城市进行经济体制改革，个人承包或创办餐饮店的多了起来，城乡的生产力得到释放，生活物资逐渐丰富起来，进而解决了人们的温饱。

第二阶段，从"吃饱"到"吃好"。

通过10年努力，人们从"吃饱"向"吃好"转变，特别是1992年社会主义市场经济体制确立后，第一、三产业获得长足发展，百姓餐饮不断丰富，各种菜肴、小吃在市场上涌现，人们"吃好"的愿望逐步得到满足。

第三阶段，从"吃好"到"吃文化"。

进入新世纪以后，随着改革开放不断深入，以及加入世贸带来的动力，餐饮业追求饮食文化之风日益兴起，各地传统名菜、名小吃重新得到重视、挖掘与弘扬，百姓消费的文化情怀得到激发，各种餐饮故事与传说广泛传播。

第四阶段，从"吃文化"到"吃健康"。

最近10年，生态文明建设不断深化，健康养生已成为人们普遍关注的话题，健康养生产业也上升为国家战略。在这一背景下，餐饮健康成为时代主流，以前的大鱼大肉不再成为人们追求的享受，养生菜肴、清淡口味越来越受欢迎。

可以说，时代在不断发展进步，用户的消费心理也在不断地变化，餐饮消费更多元。在这样的趋势下，如今去餐馆，"吃饱"的要求已经成为"老皇历"，在外用餐已经成为一种社交，"吃好"的内容也从狭义的"菜品好不好吃"，扩充到原材料和烹饪方法是不是绿色健康、餐厅的设计是不是个性出众、用餐的舒适感如何等方面，甚至评判的维度还延伸到是否符合自己的审美、爱好。我们只有跟随发展，迎合用户的消费需求，才能永续发展。

很多人会说，餐饮就是要好吃，确实，好吃依然是第一竞争力，但也就是满足了用户基本的生理需求，在现在的餐饮市场里，基本已经没有难吃的餐厅了，但依然有很多生意不好的餐厅，本质原因是无法满足消费者的心理需求。消费者需求升级，餐饮人该怎么应对？

看看那些世界顶级的餐饮业都是怎么发展的你就知道应该怎么做了。

肯德基、麦当劳打遍天下无敌手，主要满足了一个需求——快。

餐饮业95%在打"好吃"，于是巴奴把毛肚做到最好吃；刘一手，把牛肉做到最好吃；小肥羊就把羊肉做到最好吃。

所以，要想在竞争中获得胜利，就需要在"更"字上下功夫——比竞争对手速度更快，效率更高，口味更好吃，环境更好，服务体验更好，更好玩有趣，更有独特个性，性价比更高，等等。谁把产品和服务做到了极致，谁就能在行业立足。

但是，始终不要忘记最重要的一点，因为用户有这样的需求，才诞生了各种各样的业态。选定属于你的业态，你先占下来，你不进攻别人就进攻。"鸡叫不叫天都会亮"，当你发现市场发生变化了，就是竞争对手创新了。

洞察 洞察需求就是洞察人性

营销定位大师特劳特说过:"消费者的心,是营销的终极战场。"想要知道用户为什么买,就要洞察用户的需求,而洞察需求就是洞察人性,理解需求就要先理解人性的弱点。

● 洞察人性的三个问题

第一个问题,你真的了解马斯洛需求层次理论吗?

谈到需求,不得不提到马斯洛在其需求层次理论中提出的五大需求。如图2-4所示:

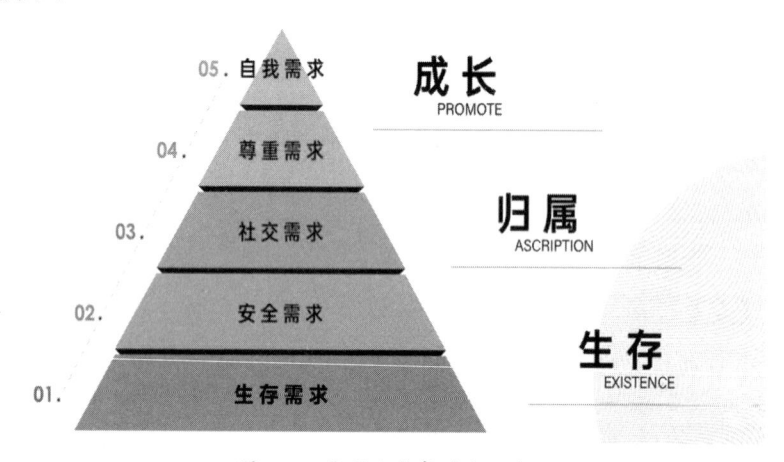

图2-4 马斯洛需求层次理论

在以上五大需求中,除了生存需求和安全需求,其他的都可以归结为精神需求。比如,开一百万元的车并不会比二十万元的车快五倍;住300平方米的房子也不会比100平方米的房子舒适三倍;用2万元的包也不会比200元的包多装100倍东西;抽100元的烟也不会比10元的更提升醒脑,但依然无法阻止人类精神上的不断追求。需求永远都在,只是一直在随着认知的升级而变化。

为什么商家都喜欢找各种大V推荐、明星代言、明星同款?

就是利用领袖力量影响消费者的价值观和感性因素，驱逐消费者的思想，让你觉得拥有了这款产品就能跟过上明星一样的生活，从而产生购买欲望，产生需求。

为什么当年我们小的时候很容易感到快乐和满足？因为我们小时候的书本知识和老师、父母的认知水平，决定了我们的认知水平。信息封闭造就孤陋寡闻，认知低下，欲望就小。而走出社会后发现原来世界这么大，认知提升了，欲望一下就放大了，什么都想要，又发现这个城市的花花世界和高楼大厦跟自己一点关系都没有。

欲望太大，实力又太小。以至于两个极端，一个是有自知之明，脚踏实地加倍努力，一个是不甘心，天天去看别人的成功学，最终迷失在欲望的苦海里。所以说，与天斗，与地斗，归根结底是与自己内心欲望的魔鬼斗。人的欲望魔鬼一旦释放，就回不去了。

所以，我们来到了第二个问题。

第二个问题，我们常说的人性的弱点到底有哪些？

曾经有人给人性的弱点总结出一个"七宗罪"——贪婪、傲慢、嫉妒、暴怒、懒惰、暴食、色欲。

当然不止于此，还有其他，就像我们担心变老，怕变胖，怕脱发，怕不够美，等等。那么，人性的弱点如何影响消费者的选择和决策呢？

比如人都是有惰性的，于是人们就渴望产品能够便捷方便。举一个利用懒惰弱点的典型案例。O2O就是因懒而生，人因为懒得做饭，就用美团点了外卖；人因为懒得等车，所以就用滴滴打车。

再比如贪心，就是让消费者觉得占了便宜。为什么每年"6·18"和"双11"品牌商都能大卖？有人说因为品牌在造节，但归根结底，就是因为贪心激发了消费者的购物欲望，认为这么低的折扣，有便宜不占是傻子。

直击人性的弱点，你的产品才更有存在的价值。

所以说，洞察需求，就是洞察人性，而欲望又是永无止境的，并且不断地拉高人的阈值。人的阈值越来越高，幸福感就越来越低，人性的欲望就越来越大了，物质的东西就无法满足心理需求了，从而对精神上的需求也在不断升级变化。可见，人性的欲望推动着这个社会发展。发展到一定程度时，我们就来到了第三个问题。

第三个问题，互联网是怎样利用人性的？

进化到现在的互联网产品，互联网+万物同样是利用了人性的弱点，本质就是研究在互联网监管的真空地带，不断释放人性的欲望，不断提升人的阈值。（详见图2-5）

例如，极简对应懒惰，满足人们的惰性需求。因此乔布斯把手机的按键全部去掉，今天我们都在使用的微信同样在极简的道路上不断更新迭代。

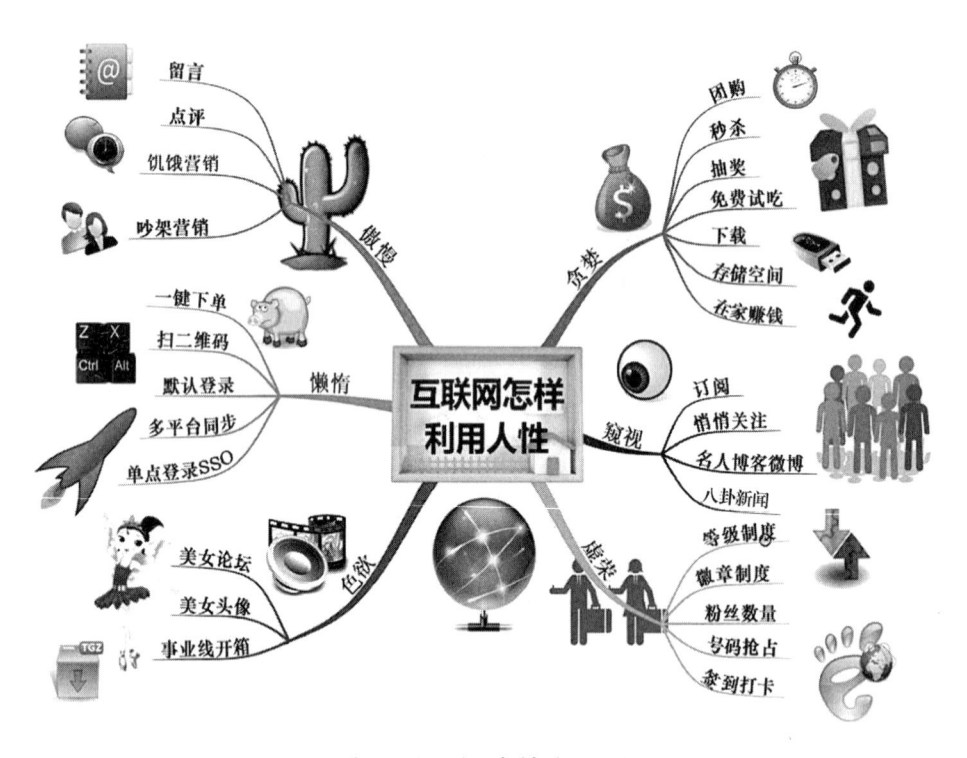

图2-5　互联网怎样利用人性

我曾经和朋友说过一句笑话，现在的"90后"被无数人当作目标客户，关于"90后"，被无数商家贴过各种另类标签，但从18岁到27岁，全都是1990年后生人，可是18岁的人和27岁的人，差距也是非常大的。他们到底有哪些需求？如果我们都不了解"90后"，做出来的产品又怎么能满足他们的需求。

所以，重点还是要弄懂用户背后真正的需求。

今天，我国移动互联网的发展让信息变得更透明，让用户能接触的信息也越来越多，认知越来越高，可选性越来越多，各种第三方检测平台，让用户对产品价值的理解越来越理性。相对于上一代人的活法，他们更愿意接触新的东西。

而从消费心理角度讲，在经济条件改善，基础的生理需求和安全需求被满足后，社会需求、尊重需求和自我实现需求就开始成为人生目标，就产生多元化消费需求了。我们放眼现在的用户需求，基本上没有用户需求空白。所有的企业想的都是如何更好、更方便、更快捷地满足用户需求，比的是谁更细更尖。比如，大众点评的本质并不是为用户解决找到一个吃饭的餐馆，而是为用户找到更便宜、更好吃、更近、更方便的一个餐馆的需求；滴滴打车也并不是在解决打车问题，而是在满足用户更好、更便宜打车的需求；新浪给了我们海量的新闻，但今日头条，给了我们更精准、更及时的新闻；支付宝满足了我们更便捷的支付需求。

春江水暖鸭先知。

社会总是不断地往前发展，市场规律就是优胜劣汰。未来不管你是细分客群，还是细分需求，或者是细分品类，都是为顾客提供更好的价值，让用户进一步确定下一个问题：为什么非买你的不可呢？

第三问

用户为什么非买你的不可？

你要买电动车，为什么非要买理想呢？

你要吃肉，为什么非要买钱大妈呢？

你要吃水果，为什么非要买百果园呢？

……

时代和用户抛弃你的时候，连招呼都不会打。如果说商业的本质是购买需求，那么产品的本质则是购买理由。如果你不能回答用户的这个问题，有问题的就是用户：我为什么非买你不可？

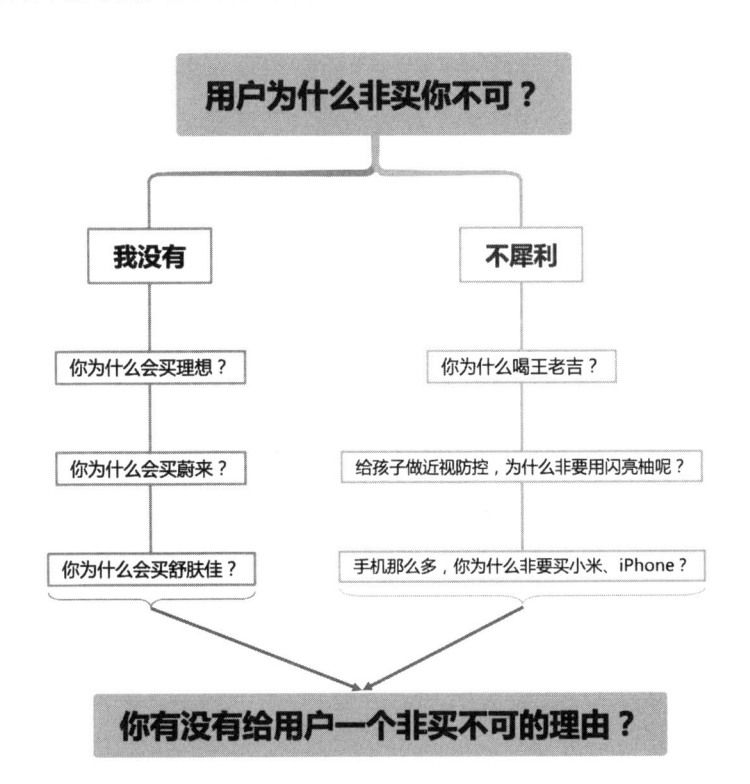

```
                用户为什么非买你不可？
                ┌───────────┴───────────┐
              我没有                   不犀利
                │                        │
        你为什么会买理想？         你为什么喝王老吉？
                │                        │
        你为什么会买蔚来？    给孩子做近视防控，为什么非要用闪亮柚呢？
                │                        │
        你为什么会买舒肤佳？  手机那么多，你为什么非要买小米、iPhone？
                └───────────┬───────────┘
              你有没有给用户一个非买不可的理由？
```

现状 我没有 VS 不犀利

再仔细思考一下上面的问题，你为什么非要买钱大妈呢？因为钱大妈告诉你，它不卖隔夜肉，所以每当你走到它门前，就会知道它不卖隔夜肉，其肉质是非常鲜美、安全可靠的，那么，侧面意思就是其他家可能会卖隔夜肉，于是不敢买，既然有更好的选择在面前，压根就不想去买其他品牌的肉了。

你为什么会买元气森林呢？因为你又想喝饮料又怕胖，而元气森林告诉你它0卡、0糖，怎么喝都不会胖。

众所周知，娃哈哈有一款产品从1996年开始生产畅销了26年，这个产品就是AD钙奶，AD钙奶是卖给谁的——孩子；他们在哪——超市；他们为什么会买——因为孩子的天性就是馋；孩子喝饮料为什么非要喝AD钙奶呢——因为饮料瓶的字面意思已经告诉你了，尽管几乎所有的家长都不支持孩子喝饮料，但是AD钙奶可以为孩子补钙，它即使是饮料也是能补钙的饮料。

你为什么会买舒肤佳？因为它除菌。

你为什么会买好迪？好迪没有回答这个问题，所以"大家好，才是真的好"的广州好迪已经淡出了我们的视线。

即便后来好迪请了许多巨星代言，工厂投入大量资金，但最终还是没能撑下去。因为它没有回答用户"我为什么非买你不可"这个问题，而有的品牌虽然回答了用户，但却不够犀利，同样迟早会被这个充满不确定性的、迅速变化着的时代所抛弃。

● 时代和用户抛弃你的时候，连招呼都不会打

当然，截止到目前，好迪还在。你去淘宝依旧可以买到，但是下面的评论通常是："给妈妈买的，这边超市买不到呢。"但是，由于品牌缺创新，包装欠升级，依然是20世纪90年代的包装风格，经销体系太传统，市场变化反应慢，自然就跟不上时代的变化，满足不了用户的更多需求。所以，好迪虽然还在，但它至少活得不够好。不只是好迪，曾经很多品牌，现在正在渐渐消失。

1. 田七

"一二三——田七！"田七牙膏现在也看不到它的身影了。因为已经停产拍卖了。2003年横扫千军，出货量超过4亿支；2019年晚景凄凉，破产拍卖却无人问津。田七牙膏爆火之后，洗手液、洗发水、洗洁精、洗衣粉，能来的都统统轮了一遍，大水漫灌，快速扩张，多元发展，副业没搞好，主业也荒废了。

2. 非常可乐

你喝过非常可乐吗？

曾经非常火爆的非常可乐，现在你也很少看到了吧。中国人自己的可乐，高举民族大旗，国产品牌。"有喜事，当然非常可乐。"跟老百姓办喜事有关，非常接地气，但是可乐最主要的消费者是年轻人啊！

3. 德尔惠

"德尔惠，On my way!"周杰伦代言的德尔惠，也已经宣布破产了。风光无限，止于2007年，两度上市失败，元气大伤盲目扩张，转型快时尚，轻产品，重营销。频频被曝质量问题，形象严重受损。面对外来品牌竞争，只能

败下阵来。

你再强调国产，再接地气，跟年轻人想要的时尚、活力和想要点刺激的心理还是截然不符的。所以，非常可乐即使在火爆的时候依然难以打入城市年轻人群。面对百事可乐，在下沉市场的围剿也无力抵抗，慢慢衰落在所难免。

当然，一个品牌，很难永久火热，但是他们矗立过时代潮头，拥有过辉煌历史，值得尊敬，但其中失败的症结却是值得我们永久铭记的教训。

思考 王老吉等现象级单品的销量奇迹如何诞生？

想一想，你为什么喝王老吉？

因为怕上火——"怕上火，喝王老吉！"

王老吉通过这个广告语进行全国传播，三年时间就实现了单品突破200个亿。它的这句广告语给了用户一个非买不可的理由。然而，今天有很多企业经营了几十年也没有回答这个问题。只要你的行业有一个人回答了这个问题，那么用户就会抛弃你，转投它的怀抱。

也曾有人问过我，王老吉之所以能席卷大江南北，成为饮料界的现象级单品，难道仅仅是因为广告打得响吗？当大家试图为这些热销品牌，贴上"销量奇迹"的时候，在我看来，这些产品之所以备受追捧，只因为做对了一件事：那就是给了用户一个购买的理由，告诉用户为什么非买你不可。

● "销量奇迹"的背后是购买理由

如果说商业的本质是购买需求，那么产品的本质则是购买理由。你必须找到一个让消费者购买你的理由，产品缺乏购买理由，或购买理由传播无力，那么你的产品再好，也很难带来有效的转化。

罗瑟·瑞夫斯在20世纪50年代曾经提出一个经典理论——USP，独特的销售主张或"独特的卖点"。他指出，一个广告中必须包含一个向消费者提出的价值主张。因为消费者对于产品的认知，是通过购买理由感知的。而设计产品的本质，首先就是为你的产品找到优势，定义产品的独到好处，其次就是研究满足消费者最迫切的需求，最后将优势转化成消费者非买不可的理由。如果你总是吹捧你的产品多好，却没能给消费者一个选择你的理由，自然无人问津。

那么到底什么是购买理由？

比如说，你这两天感冒了，有一天去药店买感冒药。一个是999感冒灵，另一个是白加黑，你会怎么选？

这时候产品背后的"购买理由"，就会偷偷地给你施加心理暗示。我们看看这两个感冒药品牌的口号。白加黑的广告语是"白天吃白片不瞌睡，晚上吃黑片睡得香"。再看999感冒灵，强调的是"暖暖的，很贴心"。相信是要带病上班的人，就会选择白加黑。购买理由就是最能打动消费者的理由：消费者买这个产品，可以享受到的独特好处。

购买理由一定要解决这几个问题：一是传递产品核心优势，二是有销售力，三是让人产生购买欲或意愿。

虽然两款感冒药功能都是治感冒，但传播的购买理由迥然不同。我们可以发现：不管是现在畅销的网红产品，还是卖了多年的经典产品，都有一个优秀的购买理由，足以刺激消费者的购买欲望。

每个产品的优势都不同，加上每个消费者的痛点需求都不同，由此产生了不同的购买理由。这也是为什么同个品类的产品，会喊出差异化的"卖点"。当然，购买理由不是自吹自擂产品有多好，而是让客户相信产品能给自己带来切实的利益。

再比如苹果手机。苹果为每一代手机赋予创新的购买理由，处处隐藏人性的洞察，只为让消费者产生"贵得有理"的感受，相信这也是每代苹果手机都能大卖的原因。

比如：

iPhone 5——易惹人爱，所以得众人所爱，突出"被人喜欢"。

iPhone 6/6plus——比更大还更大，这代屏幕的尺寸加大，满足人们使用"方便"的心理。

iPhone 6s/6s plus——唯一的不同，是处处不同，强调"与众不同"。

回过头再看王老吉的购买理由——"怕上火，喝王老吉"。王老吉用一个"怕"字，营造了上火的危机感，放大了王老吉的购买理由，就是"为了健康"，其中就利用了我们前面讲到的人性弱点中的"恐惧"心理。

可见，一个好的购买理由自带说服体质，能让人听了就想立马采取行动，转化为购买力。购买理由就好比一把锤子，可以精准地锚进消费者的脑海里，切入消费者的心智。当你产生定向消费需求时，你会第一时间想到它们，脑子里首先浮现的第一品牌就是它，这就是商业中最残酷的现实！

洞察 谁先回答用户的问题，用户就会先投入谁的怀抱

现在你明白了，所有的产品都应围绕一件事，就是为购买提供充足的理由。这个购买理由可以是功能诉求、情感诉求、文化诉求，非买不可的理由，为什么愿意买单。这个理由你想不想的清楚，就决定了后面你说不说的明白。购买理由不是知识，不需要给消费者灌输知识。理由要以消费者最原始的需求和产品的功能为基础，把自身的购买理由解释到位了，就能与竞争对手的品牌进行有效区隔。

有一次一个老板找我做策划，给我介绍他的产品时，讲了半小时还没讲清楚。我就问他能不能用一句话把产品讲清楚？他说："张总，一句话可讲不清楚，我的产品有八大功能。"于是，我告诉这位老板："您有没有听说过定位理论，在定位里面有一个关键词叫抢占用户的心智空间。我们一定要快速抢位，快速置换用户原有的认知。只有在用户心智中抢到位置，用户才

能条件反射般第一时间想到你，你有八大功能的产品怎么卖？什么都有就是什么都没有。"后来我了解到，这位老板的产品是一款面膜，既能补水，又能美白，等等。经过用户调研，早上起床眼睛周围、嘴巴周围会变得很黄，时间长了就成了"黄脸婆"。于是我帮他定下来"超去黄"，美白、补水只是产品带来的好处，而"去除皮肤暗黄，让自己年轻"，才是用户非买不可的理由。

● 回答用户问题，创建购买理由

我们常说，你认识多少人并不重要，重要的是有多少人认识你！品牌也是一样，并不是你有注册商标就是品牌，也不是你在电视台天天做广告，你就是品牌，而是你能否回答用户的问题？

第一个问题：一个字眼——你等于什么？

看到这些品牌你会想到什么，或者说，如果用一个词概括，那么你认为你的品牌代表了什么？

从某种程度而言，品牌就是品类的表达，我们说到凉茶就是王老吉，送礼就送脑白金，上班就喝茶立顿红茶，快递是顺丰，外卖是美团，电商是淘宝，打车是滴滴，空调是格力，服务是海底捞……再比如你经常用同一品牌的护肤品，那就是品牌，你天天用的洗发水，就是品牌。你说喝可口可乐，你并不是说喝饮料；你说吃肯德基，你并不是说要吃汉堡；你说要把我的宝马开过去，并不是说我开车来接你；你说我用苹果做笔记，你并没有说我用手机学习。也就是说，品牌融入用户的日常生活中，成为某个品类的代名词。如果用户用到某一产品时，说出来的是你的品牌名，那么，你就是品牌，你就回答了用户的第一个问题。

第二个问题：一句话——非买不可。

在全球化的今天，还有一些人甚至仍然认为，品牌就是商标，品牌就是广告。

三眼看天下：

用户——需要；

对手——没有；

产品——支持。

正如我前面所说的，好的产品都是利用人性做买卖，是有规律可循的，下面是我认为的三种塑造购买理由的原则：

第一个原则：传递可以被喜欢，变得更加吸引人。

我们都希望把自己最好的一面展示给外人，只为了被喜欢、被赞美和被认可。这也是为什么很多香水、汽车、化妆品的广告语，都会传递使用后带来的个人魅力。比如说自然堂广告语"你本来就很美"，就是对于女性的自信美表示肯定。

第二个原则：要尽可能满足懒人心理。

前面我们已经讲过，人都是有惰性的，都会寻求舒适、方便、简单的产品。在塑造购买理由的时候，要善于用具体对比或列数字，强调产品如何省钱、省时间，比如说OPPO"充电5分钟，通话2小时"的充电理由，就很深入人心。

第三个原则：传递在做一件正确的事。

雷·伯格特在《广告战略》中说："人们需要理由来支持他们对产品的看法，否则只会落得没有理由的喜爱。"从小我们就有趋利避害的本能，这是天性使然。这也是为什么我们相信权威，相信专家，相信KOL和KOC的分享推荐，或者征求身边人意见的原因。因为往往人越多，就越证明自己的选择是对的！看似是跟风，其实只是寻求一种消费的安全感。

就好像椰树、椰汁被质疑违反广告法的广告语——"我从小喝到大"；还有水井坊"中国白酒第一坊"……就是从历史、行业背书的维度，表现出品牌自信，告诉用户做正确的选择。

除此之外，还有其他方面购买理由，比如这些耳熟能详的Slogan：

得到知识：知识就在得到（得到APP）；

获得健康：油，我们只用一次（禄鼎记）、营养还是蒸的好（真功夫）；

图个方便：滴滴一下，马上出发（滴滴打车）；

获得保障：七天内无理由退换货（淘宝）、横扫饥饿（士力架）；

传递工作轻松：让工作更简单！（钉钉）；

与众不同：不是每一滴牛奶都叫特仑苏（特仑苏）、不走寻常路（美特斯邦威）；

享受乐趣、愉悦：灵感之茶（喜茶）……

塑造购买理由的时候，我们可以根据自身核心优势和品牌调性进行对号入座。也不要以为塑造了一个优秀的购买理由之后，你就可以撒手不管！产品是时间的产物，购买理由的认知是需要花时间的。当你塑造了一个强势的购买理由之后，你后续的一切出街海报、广告或者营销行为，一切都要为购买理由服务。在产品的整个生命周期中，不断地传播购买理由。只有经过时间的积累，才能形成用户的深刻记忆，让用户越来越相信你。否则，无论你的产品有多好，在用户的心底里永远会有一个灵魂拷问——我为什么非买你不可！

第四问

用户凭什么相信你？

第四个灵魂拷问是：用户凭什么相信你？

王老吉说"怕上火，喝王老吉"，用户就会立刻反驳说："我凭什么相信你？"那么，王老吉是怎么让用户相信它能去火的呢？

王老吉宣传说自己是全国唯一一款有草药味的饮料，于是该品牌通过调制出一种带有淡淡草药味的口感，让用户相信并记住了它。

同理，用户凭什么相信闪亮柚？除了让用户自己体验和尝试，还因为我们在全国开了150家连锁店。如果不安全或者没效果，根本开不了这么多店，规模带来信任感。加上央视的国货优品节目以及奥运冠军都为闪亮柚产品做过推荐和背书。这样一来，用户就对品牌产生了信任。

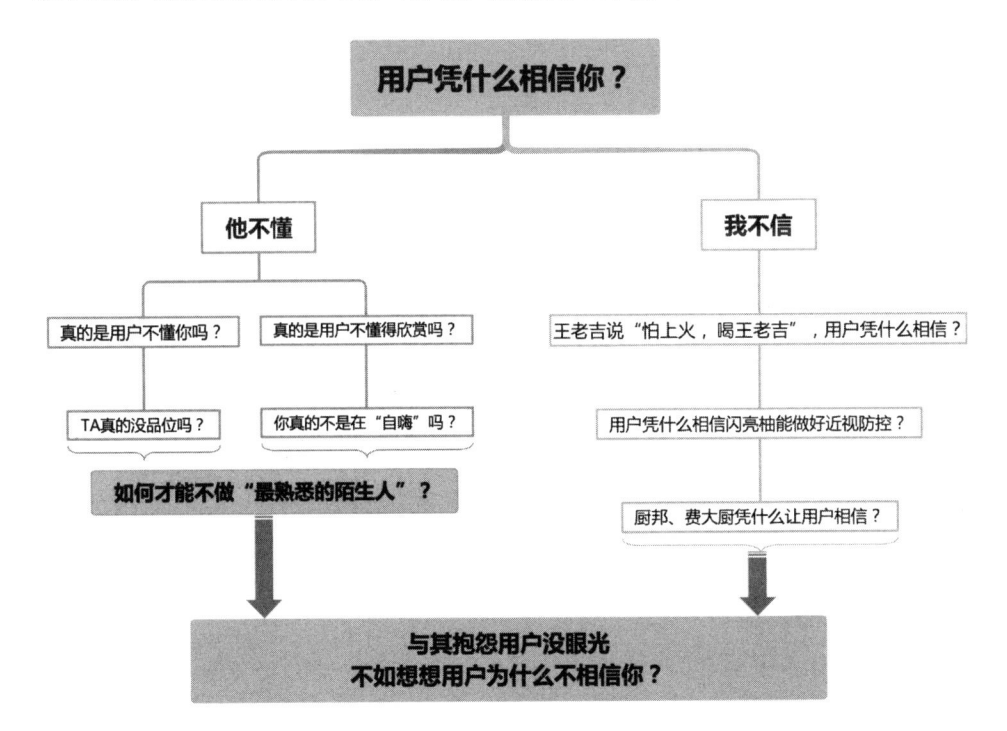

```
                      用户凭什么相信你？
              ┌──────────────┴──────────────┐
            他不懂                          我不信
       ┌──────┴──────┐                ┌──────┴──────┐
  真的是用户    真的是用户           王老吉说"怕上火，喝王老吉"，
  不懂你吗？    不懂得欣赏吗？          用户凭什么相信？
       │            │                        │
  TA真的      你真的不是在            用户凭什么相信闪亮柚
  没品位吗？   "自嗨"吗？               能做好近视防控？
              │                              │
       如何才能不做"最熟悉的陌生人"？    厨邦、费大厨凭什么让用户相信？
                      │                       │
                      └───────────┬───────────┘
                        与其抱怨用户没眼光
                      不如想想用户为什么不相信你？
```

现状 他不懂 VS 我不信

很多老板朋友向我诉苦，现在的客户简直太挑剔、太谨慎，也太有戒备心了，他们真是太不相信人了。我自己苦口婆心讲了那么多，没有功劳还有苦劳吧，讲了大半天，跟踪了数个月，到头来，还是会找各种各样拙劣的借口，不了了之。对此，老板们很是不解，为什么会是这样的结局。

心理学认为，人们总是会故意和陌生人保持距离，防止某些不好的事情发生，同时他们对与自己熟悉的"自己人"感到更亲切和信任。我们之所以常常把彼此视为"自己人"，因为我们彼此有共同点或相似之处，从而建立了一种亲切友好的关系。同时，人们将更愿意相信和接受这些"自己人"提出的要求。所以，用户之所以一开始表现出浓烈的购买兴趣，最终还是在犹豫中不做决策，无疾而终，大多数时候只是因为用户根本没把你当"自己人"罢了。

● 用户不是不懂你，而是不相信你

我创办闪亮柚，不只是我们成就了一个孩子的视力，而是孩子成就了我们的商业梦想。

这个逻辑就是商业终极的本质——赢得用户的信任。

可以说，我们从起点到终点服务的对象始终只有一个——用户。但回过头看，我们以前似乎浪费了巨大的机会，因为我们总是只为了一个字而厮杀得头破血流——钱！没错，我们老想从用户那里疯狂地赢钱，就像赌博一样甚至不择手段，绞尽脑汁，最后留给用户的全是套路。

我常常告诫身边的老板朋友，为什么一个人干不了大事，是因为你干了一件没有格局的小事。本来你可以成为一个伟大的人，但你偏偏去干了"小人"的事。当然，我在此没有贬低谁之意，而是因为我从前也走过太多弯路。我也是后来自己创业才渐渐吃透用户八问这个商业逻辑。

在刑法学中有一个名词叫有罪推论，意思是说我们先将一个人的行为认定为犯罪，然后围绕"此人犯了罪"这一定论，再去搜寻相关的法律和事实依据，通过类推的方式，来追求一个人的刑事责任。

而现在的用户接受信息的渠道太多，遇到问题，都会按照"有罪推论"的模式去思考，去看待，也就是说，听到一个观点，听到你介绍一个新产品，他首先想到的是，其中是不是有套路，是不是有猫腻，会不会有坑，然后不断地求证，经过反复验证，才知道是真的，到最后，才会去接受，即便是接受的时候，他也不会因为前面不相信而有什么负罪感。

知道了这个"有罪推论"的思考模式，你就能明白为什么用户那么难被说服，为什么用户会有那么多的反对问题，因为他不相信、不信任，所以我需要怀疑，得去验证。

同样的道理，知道了这个"有罪推论"的思考模式，也就知道了该怎样去让用户相信你。用上一问总结的话来说就是，你得给出用户一个理由，给出的理由越充分、越靠谱，用户就越容易相信你，把你当成"自己人"，你也才更有机会打赢这场信任之战。换位思考想一想，换成你是用户，也是一样的道理。

思考 厨邦、费大厨凭什么让用户相信？

我们知道，怕上火要喝王老吉，经常用脑要喝六个核桃，最主要的原因是王老吉是凉茶、六个核桃是核桃乳，品牌让用户具备了相关的认知基础，因此能够被人信服。农夫山泉绝对不适合向用户传播怕上火就喝农夫山泉，与此对应的则是农夫山泉有点甜（山泉水会给用户有点甜的认知）。所以，我们仔细观察那些但凡卖得好、卖得快、卖得贵的品牌都有一个共性。

● 成功的品牌都是打赢了"信任之战"的品牌

除了我们经常提到的这几个品牌，还有两个品牌值得我们借鉴与深思。

第一个品牌：厨邦酱油——晒足180天

厨邦从最初的不到10个亿到今天的50多亿的产值，一个品牌的成功肯定是多种因素构成的，但究其根本，厨邦抓住了酱油的两个本质：

第一，酱油的核心价值是"鲜"；

第二，广式酱油最本质的工艺特色是"晒"。

其实，在每个用户的内心深处，都有一个未被激发的记忆，在设计时只要能够把这个记忆挖掘出来，就能产生共鸣，就会建立信任。因此，厨邦基于"广式酱油特有晒制工艺"以及厨邦特有的基因禀赋：珠江边大晒场，开创"天然晒制酱油"新品类，"天然晒制"成了厨邦酱油的灵魂，一切的营销传播、包装设计、广告创意等都基于此展开。

1. 唤醒记忆中的年代感，产生信任认同。

厨邦酱油的包装背景是绿格子布，为什么用这样的符号点缀这款产品？（详见图2-6）

大家不妨回忆一下，在早年，家庭都会有这样的餐桌，在餐桌上铺这样

图2-6 厨邦酱油的绿格子设计

的塑料布，这就是用户的记忆。在他的记忆里面曾经有这样的信息存在，通过设计把这个信息移植到产品上面去，从而让消费者产生熟悉感，进而产生信任，产生认同，最终实现购买。

2. 找出价值点和信任状，点燃信任的情绪。

要想让用户绝对信任你，这点表面功夫肯定还不够。于是，厨邦又找出了"晒足180天"这个超级卖点，其实广式酱油的代表品牌海天这些年也在通过广告表达晒，但一直没有一个记忆抓手让顾客产生印象。如何使天然晒制让顾客最通俗通透地感受到呢？

通过对广式酱油工艺特色的挖掘——晒足180天。这句话传达了晒的具体价值，并且"晒足"这两个字是很有情绪的，如果这句话改成"晒了180天"就没有这种情绪效果。一句"晒足"给用户带来的是足够的安全感和足够的信任。

3. 有图有真相，用事实增加信任。

当然，光说谁不会，但厨邦是"有图有真相"的。

如图2-7所示，厨邦酱油把真实的"厨邦亚热带大晒场"放在包装上，让用户有图有真相地感受到"晒足180天"的价值，从而更加信任品牌，为厨邦短时间内的爆发立下了汗马功劳，也让所有的事变成一件事，让所有的事之间形成合力，反复强调"晒"，再加上有图有真相的沿江大晒场，以及李立群

图2-7 "晒足180天"的厨邦酱油

具有感染力的表演，让"晒足180天"深入人心。

第二个品牌：费大厨——全国小炒肉大王

在湖南人的餐桌上，辣椒炒肉是一道不可或缺的佳肴，而费大厨正是凭

着这道辣椒炒肉，被评为"长沙地标美食名片"，"全国小炒肉大王"开出46家直营门店，年销售量高达100万份以上。费大厨已连续三年蝉联大众点评长沙必吃菜"辣椒炒肉"第一名，成为名副其实的长沙地标美食名片；同时，连续两年荣登深圳必吃榜，成为当地必打卡餐厅。

辣椒炒肉几乎每个餐厅都有，费大厨有何特别之处？

早在2003年时，创始人费良慧和朋友一起开了一家农家菜馆，凭借菜品的口味优势，第一家店很快就取得了成功。在这之后，费良慧又推出了多个不同业态的餐饮品牌，并且多数品牌的生意都做成了区域业态的第一名。随后的时间，餐饮市场竞争越来越大，低价竞争、同质化、没有品牌，是餐饮老板心头的三根刺，费良慧不得不倒逼自己"找到自己的核心竞争力"。2017年，同新餐饮更名为"费大厨辣椒炒肉"。

与同新餐饮相比，费大厨辣椒炒肉的名字更具优势：品牌名字直指产品，让顾客更清楚自己卖什么，容易成为全国性品牌；"费"姓小众，易形成记忆，"大厨"则代表专业。

产品是好吃的，可是如何让顾客产生信任感呢？

1. 打消传统顾虑。

在费大厨，门口明档摆放着现切现加工的猪肉，旁边放着一排辣椒筐、一排蒜筐、一瓶瓶酱油矗立在那；同时，辣椒清洗也在门口明档进行，打消大家对"辣椒可能没有洗就下锅炒了"的传统顾虑。

2. 信任背书。

明档展示仅仅是传播的开始，进入店中会在醒目位置看到品牌标语，最常用的两个是："辣椒炒肉连续三年排名大众点评长沙必吃菜第一名""长沙地标美食名片"。在点餐之前无疑又给爆品辣椒炒肉做了一次信任背书。

3. 直抵人心的卖点。

其他诸如："保证新鲜的土猪肉6小时左右抵达餐厅""小锅现炒绝不隔夜""只选用无添加，天然谷物喂养，300天左右出栏的土猪，肉很香，很下饭""20年匠心专注，传承父亲最笨的做菜手艺，少放调料，还原80年代土猪肉的味道",句句倾诉核心卖点,直达人心。

4. 强化记忆。

最后,在上辣椒炒肉的时候,服务员会介绍主要食材和品牌基因,而其他的菜品是不会这样介绍的,同时也强化了顾客对品牌的记忆。

不仅如此,费大厨还通过举办"辣椒炒肉"的各种大型比赛,通过金奖名次,抬高"辣椒炒肉"的价值感、认知度。然后凭借着长沙"第一辣椒炒肉"的名头,不断开拓全国市场。

当然,用户对品牌的信任度需要持久永续的累积,短期的信任是不可靠的,只是让用户产生一点点信任也是远远不够的。要想让用户对品牌的信任度更高一些,就需要让信任"更上一层楼",建立长期的信任感。

洞察 建立信任感,不做"最熟悉的陌生人"

信任感是与用户建立链接的桥梁,用户从听都没听说过你到知道你的存在,从完全不认识你到看到你,从看到了你到愿意花时间慢慢了解你,从了解你到逐渐信任你,直到走到信任这一步,用户才真正愿意尝试你的产品,成为你的朋友甚至成为你的忠实粉丝。

在这个漫长的过程中,建立信任感是关键一步,没有信任作为基础,用户随时都可能"移情别恋",成为"最熟悉的陌生人"。

● 与其抱怨用户没眼光,不如想想用户为什么不相信你?

前几年,很多品牌的宣传片都将"相信相信的力量"这句话作为Slogan。那么,究竟什么是信任感?

从心理层面解释:个体对周围的人、事、物有安全、可靠、值得信赖的情感体验,在个体感到某人、某事或某物具有一贯性、可预期性和可靠性时产生。

从产品层面解释：用户对产品有了信任感之后，才愿意接受、认可产品，从而促成最后的转化。所以，信任感十分重要。

与其整天抱怨你的用户没眼光，不如仔细回想分析一下，用户为什么不相信你呢？可能的原因有以下几点：

第一，你总是表现得过于强势。

你总是表现得自以为是，咄咄逼人，总喜欢去教育用户，自作主张帮用户做决定；你总是认为用户是外行，自己干这一行十几年了，比用户更了解需求，觉得某个产品很适合对方，"我告诉你啊，你买它就行了，别的都不用看"；用户不买，你就会摆脸色给对方看，用户都会怀疑是自己的问题。

第二，自顾自话而不注重倾听对方的心声。

总说自己想说的，说不到用户心坎里，不在意用户的需求、问题和感受。就像很多家长，从自己的角度和立场出发，做了很多为孩子好的事情；他觉得，孩子要长高，就天天逼着孩子喝牛奶；他觉得孩子要补脑，就天天逼着孩子吃核桃；他觉得孩子要从小培养艺术细胞，就没经过孩子同意，报了好几个兴趣班。

你是不是也是这样？你总想着这个产品特别好，用户一定喜欢，就滔滔不绝地介绍产品的优点、功能；你想着，用户一定需要这个功能，就一直讲；你认为，用户一定喜欢这种款式，就几次三番地向用户推荐；你从来都是自己说，很少问用户的需求、用户的看法、用户的感受，让用户感受不到你重视他。

第三，跪舔式的态度令人反感。

用户提什么问题，你都回答他；用户提什么要求，你都满足他；不敢拒绝用户。我见过很多人都是这样：用户提问题，他就非常详细地回答；用户提各种要求，他就想着满足用户，从不敢拒绝用户，结果呢？

用户说，我再考虑一下。

如果你想获得对方的尊重，那你一定要有自己的底线和原则。对于用户过分的要求，你要敢于拒绝。心态要不卑不亢，我不是求着你购买的，你不要拿"不买"来要挟我。

第四，没有真心把用户当朋友，而是当提款机。

用户刚进店，你就问，先生，您好，您想买点什么？用户心想，我不买，就不能看看吗？你的目的性太强，给用户很不舒服的感觉。

还有，你总是急于告诉客户"这都是你要的"。用户问了一个问题，你说了一大堆，急切地想让用户购买，而不是真心用你的专业去提供一些真诚的建议，帮助用户购买。

如果你是卖二手车的，普通的用户来看车，目光落在哪一辆车上，你就会去介绍哪一辆车的优点。而如果是你的亲戚来买呢？你会说："表哥，买二手车，你要注意这几点：第一，你要看这辆车是不是泡水车；第二，你要看这辆车发动机有没有大修过；第三，你要看这辆车有没有出过重大交通事故；第四，你要看这辆车的手续是否齐全。"懂了吗？如果你真的把用户放在心上，真心帮助他少掉坑，少被骗，少花冤枉钱，他会不理你吗？

如果你满脑子想的都是，怎样让用户多花钱，谁都不傻，人家看不出来吗？

第五，不职业、不专业。

一个人的职业素养是指技术能力，是指对业务的熟悉程度，用户提问题，你回答不上来，可能，也许，大概是……

比如用户说："这件衣服是什么面料的啊？"

你说："可能是纯棉的。"

用户说："你这一箱货里面有多少瓶啊？"

你说："也许是20瓶。"

用户问："这个化妆品适合干性皮肤吗？"

你说："应该都可以。"

就你这"专业"水平，用户凭什么信任你？

如果专业度不够，用户感觉不到你话里的价值，你一开口他就感觉很外行。

你说了半天，都是在讲产品的性能、优点，就不能说一些有高度、有深度、有见解的话吗？比如，对这个行业目前现状的看法，对未来发展趋势的预测，对国家政策的解读，对未来风险的评估。用户听了，感觉，哇，好专业，长见识了，豁然开朗，从来没听过这么专业的解读！

想让用户信任你，不如直接让他仰望你。

其实，无论是什么原因，我们最终的目的都是为了让用户相信，如果从用户接触产品的那一刻算起，你能熬过以下几个阶段，就离和用户成为朋友那一刻不远了。

第一阶段：接触产品。

这时候用户对我们信任是十分脆弱的，主要体现在产品和心理层面：

产品层面：不足以认识到产品价值，能为用户解决什么问题。

心理层面：缺少足够的安全感存在，随时可能会走掉。

第二阶段：让用户信任产品。

当用户接触到你之后，最重要的是：如何让用户信任你？

人性的特点之一，就是"对陌生的事物充满好奇"——希望对一个产品有更深的理解；与之相对的是"恐惧"——怀疑新鲜的事物，对未知的恐惧。

在企业里最难做的事就是推陈出新。对内都有诸多要获取信任的问题，产品做的一切都是为了消除大家的误会，是巩固产品在用户心中地位的过程。只有用户被我们的价值所吸引，才可能引起他们的兴趣，才可能消除这种抬杠式的质疑，才可能进阶到第三个阶段。

第三阶段：能保持正常的、中立的、愿意花时间浏览、使用你的产品阶段。

这时候你所说的一切，才会被用户听进去，这个环节比较像恋爱的阶段，认识到你的价值，离不开你了，甜言蜜语的感觉，才有可能晋升为最后一个阶段。

第四阶段：当做好了前面所有环节之后，用户还没有和你"分手"。

这时候可以完成转化了，为产品买单或者完成你要做的动作。

至于如何顺利度过这几个阶段，我将在后面慢慢揭开谜底。

第五问

用户怎么知道你？

当你找到了用户，发现了需求，赢得了信任，有了这些准备之后，接下来你还需要解决一个问题——怎么才能让用户知道你呢？

车企传播有一个共同的特点，就是通过用户分享，让更多的用户知道。所以我们看到，蔚来的车主在帮蔚来卖车，并且占销量的30%。你能想象吗？有个车主自己卖掉了147台车。所以今天的传播路径必须发动用户参与。每一次的商业迭代史中都有一次迭代叫做传播迭代。

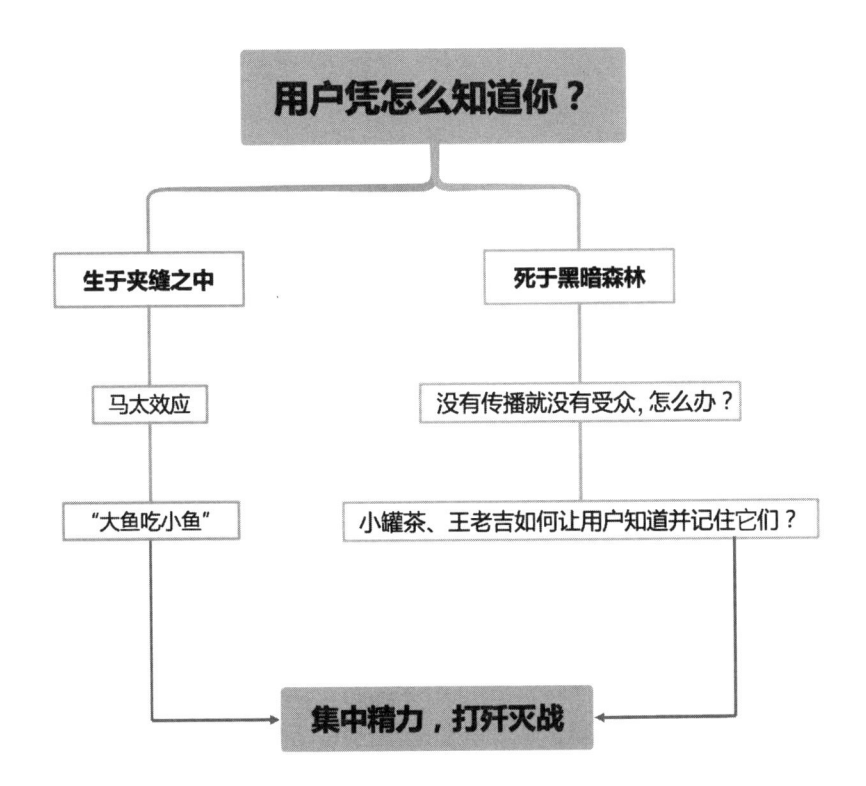

```
                    用户凭怎么知道你？
                    ┌──────┴──────┐
              生于夹缝之中        死于黑暗森林
                    │                │
               马太效应      没有传播就没有受众，怎么办？
                    │                │
              "大鱼吃小鱼"   小罐茶、王老吉如何让用户知道并记住它们？
                    │                │
                    └──────┬─────────┘
                     集中精力，打歼灭战
```

现状　生于夹缝之中 VS 死于黑暗森林

在这个弱肉强食的时代，"大鱼吃小鱼"的戏码反复上演，市场裂变之快令所有弱势品牌对强势品牌望尘莫及，二者之间似乎存在一条永远无法逾越的鸿沟。

品牌成长的速度是缓慢的，尽管品牌的力量是无限的，但当你的品牌还只是个仅仅注了册的名称，想做一切都显得那么微不足道。相比大品牌，一个弱势品牌或者新生品牌不仅实力不够强大，就连生存也是将就维持，从生产出厂到市场营销往往都处于被动的位置。尤其是在马太效应旷日持久加剧之下，今天的品牌更像是在夹缝中求生存，一不小心就有可能死于黑暗森林。

黑暗森林法则出自刘慈欣的《三体》，说的是任何生物（相当于今天的任何品牌）在任何时间、空间上都有可能向你发出攻击，甚至很多时候是让你毫无防备地"降维打击"。就像《三体》中描绘的那样，人类雄伟壮阔的太空舰队面对三体人派来的小水滴，几乎不堪一击，根本不是敌方的对手，最终在战争中被摧毁殆尽。而另一艘星舰蓝色空间号在逃亡时发现了宇宙里的四维碎片，进入四维空间后，不费吹灰之力击败了水滴。

随着各行业竞争的不断加剧，未来我们面临的只会是更为庞大而残酷的竞争。作为每一个参与市场竞争的品牌个体来说，我们不能只有定位，只要产品，哪怕用户信任你之后，也不能没有持续的传播。

● 酒香也怕巷子深，没有传播就没有受众

如果没有传播，企业或者个人的这种价值点将会被更多市场声音淹没。如同如果知识只是存在于企业本身或者个人本身的头脑当中，没有传达给相关受众，那这些知识便带来不了任何顾客，这种知识将是一种无用的知识。酒香不怕巷子深这种说法某种程度上已经不再适用于信息大爆炸的互联网时代。

你不仅要做得好，还要尽可能让相关的人知道你的好，这是现代商业竞争中的生存发展法则。如果你的品牌内容，如广告、文章等只是非常零散的、没有持续的传播动作，就很难与竞争对手区别开来。

从2020年开始，我国已经迈进了5G时代，各家手机厂商本应该凭借着5G手机来进一步扩大自己的影响力，却没想到突如其来的疫情使得智能手机市场大受影响。到了2022年，全球智能手机的出货量依然呈现下滑趋势，可以说是近几年手机市场中的寒冬。但其实早在4G手机时代，已经有一大批智能手机品牌因存活不下去而纷纷倒闭。

很多人在感慨之余不禁要问一句，那些年，曾经蜂拥而至的国产手机品牌，例如我们熟悉的乐视、大可乐、波导等手机品牌现在都还好吗？

"波导手机，手机中的战斗机。"极盛时期的波导手机一度力压诺基亚、摩托罗拉等外国品牌，坐上国内手机市场的头把交椅。然而，船大难掉头，如今的波导，早已淡出人们的视线。

老兵不死，只是凋零。从2016年开始，几乎所有行业都在为流量红利的消失感到焦虑不安。老牌巨头的挑战与传播的困境，让一些行业曾经的标杆，跌下神坛。层出不穷的新事物不断蚕食着流量和拼命挤占市场份额，这是一个蚂蚁与大象齐飞的时代，也是一个蚁多咬死象的时代。

黑暗森林里的猎手，发出的杀招总是悄无声息。

危与机总是并存，我们在看到时代机遇的同时，更要吾日三省吾身，提醒自己：下一个倒下的，会是谁？若想避免这场灾难的发生，化危为机，就要把握住品牌传播的时机，想办法将产品融入用户的认知，从而影响用户的观念和购买行为。

思考 小罐茶、王老吉如何"飞入寻常百姓家"？

俗话说，"人怕出名，猪怕壮"，也许这句话在过去是适用的，但在如今这个年代，观念都变了，大家都挤破脑袋，挖空心思地想成名想成腕。

在当今饱和的市场中，品牌一直在争夺消费者的注意力。品牌认可度、知名度越高，人们选择你产品的可能性就越大。对于家喻户晓的大品牌来说，知名度永远不是问题，然而对于很多小品牌，尤其是那些地域性的、新诞生的品牌，要想谋划更大的市场，首先面临的就是传播的问题。消费者没听说过你的牌子，在面对你的产品的时候就无法做出选择，习惯的方式是选那些已经熟悉的牌子，这是一种很自然的保护意识，消费者只有在知道你品牌的前提下，才会在选择时考虑到你。

● 先通过传播让用户记住你，其他的以后再说

当你作为一个后来者，刚刚进入一个新市场的时候，首先要做的就是需要大声地告诉别人你是谁，你是做什么的，让用户知道你。以下两个经典案例值得我们借鉴。

首先是"小罐茶"。

小罐茶重新定义了茶叶分装的方式，简单讲，就是它开创性地发明了"小罐"，并将"小罐"装茶叶定义为新一代的饮茶方式，这是小罐茶快速

被用户内心认知认同的直观因素。

但是，小罐茶快速火爆的根本动力不是品牌做得多么好，而是"传播"做得非常好！这里的传播有两个维度：一个是传播的内容力，另一个是传播的影响力。

第一，在内容上。

内容上以传承人为主线，以微纪录片的方式进行价值构建，避免了令人生厌的硬广。这种传播内容化是未来品牌传播的主要方向，只是如何架构内容体系是一个重大的难点。

第二，在影响力上。

小罐茶选择了最具影响力和覆盖力的央视，选择了送礼旺季和春节这个爆发节点，并以巨资高频次投放，简单讲就是：选对了媒体、选对了时间、有足够多的资金。

因此，小罐茶火爆的核心原因：通过广告强势传播进入用户认知。如果没有央视铺天盖地的传播，创始人讲的所有品牌思维、用户认知和产品逻辑都不可能快速让产品火爆起来。

其实，"小罐茶"并不是第一个运用这个模式成功的品牌，以大家非常熟悉的王老吉为例。

王老吉具备"怕上火"的健康属性，有着喜庆的红色包装，名字也带有"吉"字，而吉祥如意又是人民群众对美好生活最直观的向往。王老吉洞察到这一点之后，将中国传统文化中的"吉祥文化"与品牌有机联系起来，提出了"过吉祥年，喝王老吉""家有喜事，喝王老吉"等品牌主张，形成了喜庆时分送王老吉、送健康送吉祥的消费潮流，让"王老吉"成为佳节民俗中的吉祥符号，推动凉茶成为大众性吉祥消费饮品，开创了饮料礼品市场的先河。

加上由于传播策略得当，王老吉凉茶已经在百姓心目中树立了良好的形象和不错的口碑，很明显，王老吉凉茶除了在产品质量上征服了用户，还通过独具辨识度的传播方式让红罐"吉文化"成功抢占了用户心智，给人们带来了别样的惊喜体验。

不仅如此，王老吉的传播还体现了从用户的思维出发，玩出了高考借势新高度。

2022年的6月，一年一度的高考季，"高考"这个词又开始牵动全国人民的高度关注，对于品牌来说无疑也是一场重要考验，王老吉在天猫旗舰店和官方商城微信小程序上线了三款高考定制罐：支持班级定制，如"高三（6）班吉"；支持学科定制，如"语文大吉"；还支持中考等各种考试定制，如"万试大吉"。随着高考越来越近，自带吉运的王老吉"高考定制罐"在学生群体中也愈发走红。除了无数考生在社交媒体上纷纷晒出自己的定制罐，希望为自己带来吉运之外，来自低年级的学生和大学的学姐、学长们，也掀起了一股用王老吉"高考定制罐"来表达祝福，为广大考生加油的热潮。（详见图2-8）

图2-8　王老吉的高考定制罐

在微博上，王老吉"高考定制罐"为高考应援的话题热度也水涨船高，将高考的氛围感与仪式感瞬间拉满。

在全民高度关注高考的情形下，王老吉推出的"高考定制罐"，绑定应援高考、为学子加油的场景，无疑是抓住大众注意力的一个绝佳切口。而更重要的是，不同于大多品牌追热点的营销，王老吉"高考定制罐"不仅拥有品牌独有寓意红红火火好运不断的"吉文化"加持，在情感上满足了目标人群在高考前夕传递祝福、祈求好运的精神需求，它更迎合了年轻消费者个性化、定制化的消费诉求，从而更能一举击中用户的内心。

而驱动王老吉将品牌迅速传播和不同场景结合打造定制罐的底层逻辑，其实还是我们常说的用户思维，站在用户的角度思考什么是用户真正想要的，你的产品有何不同，如何替用户设计极致的产品体验和解决方案，这是我们在传播品牌时的本质逻辑。

洞察 集中精力，打歼灭战

微信公众号平台的广告语我们都很熟悉——"再小的个体也有自己的品牌"。

我相信，没有一个品牌不想红。

但关于红这件事情，很多人觉得似乎是需要靠很大的运气，其实不然。红这件事，无论是在一个人、一篇文章、一家店还是一个产品身上，90%以上并不是偶然，而是基于精心设计的必然。

回归到问题的本质上来，让更多人知道我们其实是要打开知名度，这是我们在商业中要解决的关键问题。但现实往往是，要想提升你的业绩很容易，但你的知名度远远不够。可毕竟大多数的我们没有巨头企业的雄厚资本，每年打广告就花掉上千万。那么，如何才能以最小的成本最有效地去提升知名度？

● 聚沙成塔——聚焦资源，积聚势能

品牌传播是一个聚沙成塔的过程，聚焦资源，选择属于你自己的根据地，选择特定的产品，提升品牌的忠诚度和影响力，形成绝对势能，说白了就是集中兵力打歼灭战。但前提是你要先找到一群能与你一同并肩作战的人！

例如，我为什么要让我的品牌在一个地方开30家店？这道理很多人都不懂，因为只有这样才能形成"势"。用户一看，这个品牌这么多店，可以说是随处可见，一定很有实力、很受欢迎，不然早都倒闭了——用户的第一印

象就形成了，你的知名度立刻就不一样了。

不仅如此，假如你在新乡开了30家店，形成了局部第一名，这在用户心中不只是强势认知，同时还直接切割掉了新乡近视防控70%的市场。那么，对手是没有什么活路的，因为你是在用30打1。当然，这个店是谁开的不重要，关键是都叫同一个名字（闪亮柚）。那么，你的门店对外（用户）的印象就是——30家店。相当于你直接告诉了用户——我们在新乡有30家店，a店、b店、c店……我们都是一起的。这种第一名的印象以及聚合在一起的强大势能最终会形成俯冲，令对手胆寒，而用户则会产生信赖感。

这也是为什么我们经常在一个县城里看到药店往往都在同一条街，甚至在同一条街上相隔不远的位置就开了好几家药店，其实，很多都是隶属于同一家医药公司，他们只是排列组合形成了一个联盟，而不是内斗。一个有30家店的地方，肯定比2家店要好得多，要不然为什么肯德基、麦当劳都在一条街上。在商业中这叫作商圈效应。

你始终要站在用户的立场去看待问题，如果我是用户，我开车从这条街上经过时，一眼望去看见了3家闪亮柚，在我的脑海中这个品牌的数量就是3，我再返回这条路，形成的数量就是6，依次递增，我对这个品牌的印象和认知就逐步形成了。

所以，你如果孤苦伶仃地在杭州开了一家店，其势能只能影响一公里。如果是一个品牌的总部在杭州开300家店。那么，我们有理由相信，这样的品牌就会像许昌的胖东来一样形成绝对势能。可见，成本最低的传播方式就是，你如果有条件就集中在一起抱团取暖，不要分兵作战。

例如，你加盟了一个品牌，那么产品的价格都是全国统一的，甚至连话术都是统一的。这时，其实用户在A店买或在B店买都没有关系，重点是我们始终站在用户的角度，告诉用户离哪个店近就到哪里去买，因为我们是一个联盟中的一员，我们的产品、价格、服务等等都是一样的。所以对用户而言，这就是认知和印象。

第六问

用户怎么买?

当用户知道你,对你产生兴趣以后,就会产生购买的冲动。那么,你的销售渠道在哪里?在线上、线下还是直播间?用户在哪里买更方便呢?当用户想买你的产品的时候,能不能很容易找到你呢?

越来越多的人,尤其是传统经销商都在问同一个问题——用户都去哪儿了?线下门店不用说,现在连线上用户流量也在萎缩。这到底是什么情况?

其实,不是用户少了,而是用户购物的渠道多了!

如果你没有健康的销售渠道,再好的产品也难以转化成人民币。

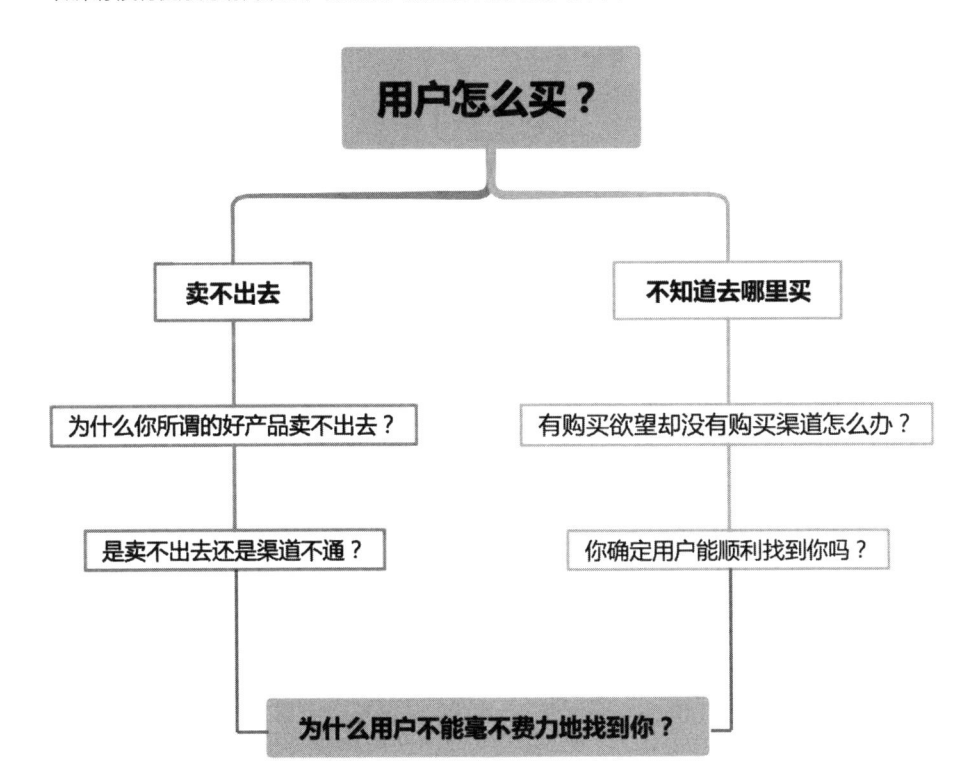

```
                    用户怎么买?
                   /           \
              卖不出去         不知道去哪里买
                 |                  |
      为什么你所谓的好产品卖不出去?   有购买欲望却没有购买渠道怎么办?
                 |                  |
      是卖不出去还是渠道不通?       你确定用户能顺利找到你吗?
                 |
      为什么用户不能毫不费力地找到你?
```

现状　卖不出去 VS 不知道去哪里买

虽然企业生产出了消费者需要的产品，可是用户去哪里购买呢？产品自己没有腿，不会自己跑到用户手里。这时产品需要有个出货的渠道，它就如同灌溉时用的水渠一样。如果没有渠道，再好的产品也只能烂在家里，销售不出去，而用户也摸不着头脑，不知道去哪里购买。

所以，产品有了，用户信了，也有人愿意与你一起做大做强，接下来，我们要继续解决渠道的问题。

从根本而言，产品的销售包含两件大事：

第一件事，品牌的拉动——让用户向我们买；

第二件事，渠道的推动——通过渠道推给用户。

品牌的作用是让"产品好卖"，渠道的作用是"把产品卖好"，一推一拉间形成的营销闭环。所以，渠道的本质就是企业产品流向市场的管道。

有个经典的案例说的是如何将一批木梳卖给寺庙里的僧人。传统的做法给出比较标准的答案是：将寺庙作为分销渠道，把和尚发展为销售代理人，将梳子卖给寺庙进香供佛的善男信女们，并配以"梳掉万千愁丝"的销售卖点。这种思维一直被保险公司和销售公司奉为经典，常用于线下培训会的案例材料中。

但在我看来，这并不是一个特别好的案例，因为已经过时了。实际上和尚并不是梳子的直接用户，如果按照用户思维，大多数传统行业，产品推出的基本流程是市调、研发、打样、小批量生产、渠道招商，再广告推广活动，经销商在承担"销售与售后服务"，经销商是"产品推广"的第一资源，"用户"却被"隔离"在外，此时，对于生产企业来说，是没有用户的。而移动互联网时代的到来，"用户体验"决定产品的生存，企业正由"经营产品"转变到"经营用户"。所以，我们依然要从用户的角度出发去拓展渠道。

● 控制不了渠道，再好的产品也难以实现错位

在现代经济体系中，大部分生产者不直接向最终消费者出售产品，而是通过一定的分销渠道，将产品送到用户手中。简单来说，就是这种产品在哪里卖。比如皮鞋你可以进超市销售，也可以进百货商场销售，也可以在专卖店或者网店、批发市场销售等。尤其在产品、价格高度同质化的背景下，渠道建设及管理成为企业用力的关键点。渠道是否合理和畅通至关重要，可以说是一个企业的命运所系。如果不能牢牢控制销售渠道，企业的产品就难以转化为成交，企业就将失去生存发展的源泉和动力。因此，可以说渠道管理是一个企业能否生存的命脉。

我常常看到身边有很多创业者都在纠结，生产商、品牌商、渠道商、零售商，当哪个商户最爽？

首先，生产商是比较复杂的，往往是投资最大，利润最低；而品牌商则是最劳心劳力的一个商户，因为任何环节都不能有纰漏；然后渠道商就是中间商，我们做好产品交给对方；而零售商也比较辛苦，因为零售商要去终端面对客户。所以，如果非要这么区分一下，那么最爽的其实是渠道商。所有的微商中真正赚到大钱的都是微商团队背后的渠道商，然而，品牌要打通渠道，选择分销渠道并不容易。

在商业领域，渠道的全称为分销渠道，引申意为商品销售路线，是商品的流通路线，所指为厂家的商品通向一定的社会网络或代理商或经销商而卖向不同的区域，以达到销售的目的，故而渠道又称网络。按长度划分渠道有长渠道与短渠道之分；按宽度划分有宽渠道与窄渠道之分。

可以说很多时候销售模式的不同，是由分销渠道不同造成的，它俩就像人的两条腿一样，形影不离，互相影响。如果说销售模式是企业销售产品的一种方式，那么分销渠道就是销售产品的货架。一个企业所处的行业、所销售的产品不同，所设计的分销渠道也有所不同。

总之，好的产品要通过好的渠道让更多的人发现，产品再好，也要选择一个好的分销渠道，只有这样才能锦上添花。

思考 为什么用户不能毫不费力地找到你？

过去我们卖产品往往是单打独斗、单兵作战，直接对用户完成销售这一动作。今天，越来越多的人，尤其是传统经销商都在问同一个问题——用户都去哪儿了？线下门店不用说，现在连线上用户流量也在萎缩。这到底是什么情况？

其实，不是用户少了，而是用户购物的渠道更多了！线上平台前两年流量不错，很多用户愿意尝试新的购物方式，还可以买到便宜产品，何乐而不为呢？而现在，线上的流量也在明显减少。线上平台也好，线上店铺也罢，没有流量一切都是白搭。

因此，大家产生"用户都去了哪里"这样的疑问一点都不奇怪。这也恰恰说明了是一个不可忽视的现象，说到底是关乎企业未来销售通路的大事，绝不能掉以轻心。

● 用户在哪里，你的渠道就拓展到哪里

如果你有一个好产品却没有好的销售渠道，这时你只有两个办法：第一，整合你身边所有的资源，然后招聘一个渠道经理，他负责培养一支团队，而你负责去全国各地租门店，寻找店长和销售人员，耗费巨大的成本开始销售产品；第二，如果你没有很好的渠道资源和来源，也不想耗费巨资，就不如投靠一个渠道靠谱的平台，把别人花了好几年和无数心血建成的渠道借为己用，分摊一部分成本，抱住一棵大树才能一路向阳生长。

当然，一个渠道是否畅通，是否适合你的产品必须要经过验证。实际上，每种产品都要通过各种不同的渠道来销售，就算是线上销售，也涉及渠道问题，涉及平台问题。想想看，如果代理商不乐意销售你的产品，中间商没兴趣努力销售你的产品，终端大卖场或者其他终端成员对销售你的产品不感冒，那你的产品怎么可能销售得很好呢？

小米是卖手机起家的，后来我们发现它还卖电饭煲，因为一切要以用户为中心，当一个产品获得用户的拥戴时，那么用户需要什么就应该卖什么，同样，用户在哪里，你的渠道拓展就应该到哪里。（详见图2-9）

图2-9 小米生态链

那谁来为我们提供渠道支持呢？这取决于是否有完整的产业供应链可落地。没有配套产业链，无异于"画大饼"、讲故事。产品的价格空间大，而且产品还比较好卖，这就构成了渠道强劲的销售动力，但这个动力值仍然是不够完善的。还要加上品牌的动力赋予，才是比较完整的。

最后一步，所有流程渠道都落地以后，还要找到1000+种子用户去测试你的路径、方法是否可行，避免陷入盲目乐观。

2018年夏天，锤子科技新品发布会在北京如期举行，即便外面大雨滂沱，也挡不住人们的好奇心，大家的目标是一致的，就是想要一睹为快罗永浩所说的那款能够"改写人类计算机历史"的革命性设备。

可是，发布会上锤子手机的创新实在过于勉强，外观仿制了Surface Studio，这样的产品是为了创新而创新，这样的重新定义违背了常规的逻辑。

很多创业者也知道打造差异化的产品是在市场获得竞争力的关键，当然，这并没有错，可是锤子手机的创新却不是用户们的刚需，所以这个创新是无意义的创新。

相反，小米手机把主要用户放在了大众身上，以较高的性价比赢得了市场。我们做渠道也是一样，如果渠道动力不足，就从上面几点去找症结所在，不断改善销售渠道的路径所在，渠道畅通，用户才能毫不费力地找到你！

洞察 找到适合产品的"最短流通路径"

全渠道的发展，是科技、经济、商业的进步使然，用户"无论何时，无论何地"，买到适合自身商品的时代，已然来临。因此，全渠道打通企业各个渠道的客流、资金流、物流、信息流，基于整体网络布局、物流配送的全渠道模式，实现用户无缝式的购物，打造超越期待的用户体验，成为我们连接用户的重要方式。

● 传统商品流通路径VS最短流通路径

传统的商品流通路径往往是：制造商（M）→总代理分销商（S）→零售商（B）→用户（C）。这种流通路径层级较多，各层级都存在一定的成本、费用以及利润需求，那么，从制造商经过层层加价后，最终到达用户手中，加价率就较高了。用户很希望直接从制造商手中直接购买，因为加价环节少，更划算。

然而，为什么大部分行业或者产品又不能实现这种M2C的模式呢——那是因为，制造商的主要精力与使命是产品的创造，没有足够的资源与精力去直接服务好每一位用户。所以就会有总代、零售商的存在。总代理的价值在于向市场铺货，让产品覆盖更多市场渠道，提升产品的可得率；零售商的作用与价值在于，直接服务好终端的用户，让用户更满意。

然而，如有某一种产品，他们砍掉了所有中间环节，直接服务用户，这种模式叫M2C，并且有足够能力实现其产品在市场的覆盖率，那么这个模式一定会让产品销售如虎添翼。

我们上一节讲到的小米"互联网手机"就是这样的一种渠道模式，用户直接从小米电商平台上购买手机，小米省却了传统渠道的中间加价环节，节省了很大的中间费用，这些省下来的空间可以让利给用户，所以小米能率先推出1999元的智能手机，让智能手机实现价格破冰，三年内销量做到行业前列。

对于渠道短路，有两种极致方式，需要重点关注：

第一，M2C；

第二，C2M。

M2C，就是制造商直接卖给用户；而C2M，则是用户直接向制造商反向定制：用户以确定性的需求订单向制造商下单。比如：产品众筹及一些产品预售，就是先有需求，再按需生产供货。

当然，C2M和M2C这两种方式是最短的渠道交易路径，所压缩的成本空间，可以让利给用户，就会让产品的性价比更高，但"C2M模式和M2C模式"不是那么容易就能做到的，需要借助科技、资本、人才、时代机遇等多方的因素。然而这告诉我们一个逻辑：要找到适合产品自身的"最短流通路径"，减少流通环节，将加速产品引爆。

此外，在传统模式下，用户只能通过在实体店亲身感受商品功能；在移动互联网普及的今天，用户可以通过传统媒体比如电视、广播、报纸、杂志，不断涌现的各类新型互联网社交媒体，比如当下火爆的抖音、快手，以及其他多种渠道方式接触商品信息。

总之，无论选择哪一种渠道，用户都是希望自己的需求能够随时随地得到满足。我们最终都要回归到服务用户上来。在过去，你开发了一个渠道只是为了卖出几件商品，而今天，如果是你和一群人一起，打通了各种渠道，通过全渠道将产品卖到世界各地，这其实相当于在你的身后站了一批销售人员。你开发一个销售渠道，相当于与另外一家公司、一群志同道合的人建立了命运共同体和利益共同体，这也意味着把对方的销售变成了自己的销售，而这种渠道通路及其背后的力量对你而言才是拉动增长、连接用户的最大价值。

第七问

谁来卖给用户？

确定了渠道以后，谁来帮你卖给用户呢？

在创业的路上，每个人都想花最少的钱、办最多的事！最好是不费吹灰之力产品就卖出去、成本就收回来了，那可就太爽了！

你可能会想，这怎么可能呢？那岂不是人人都能赚到钱了？实际上，在今天这个时代里并非不可能。只不过，今天的社会太需要合作。因为只有合作你的价值才能放大，只有合作你的价值才能保持长久，但问题是，你要先确定好谁来卖的问题——自己卖还是合作伙伴卖？

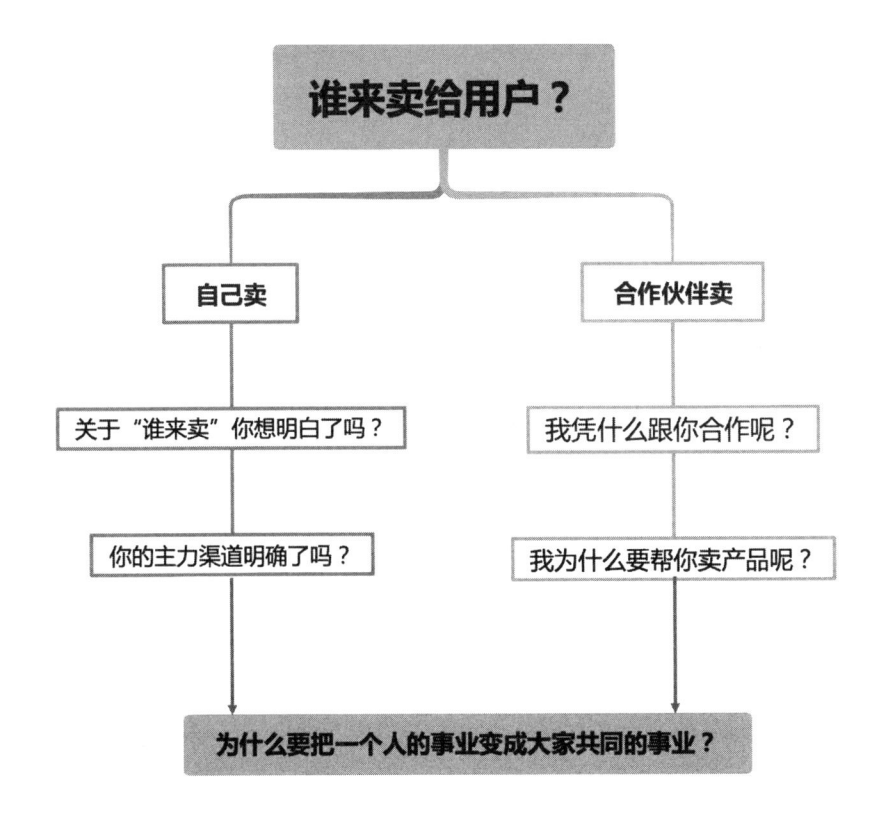

```
                    谁来卖给用户？
                   ┌──────┴──────┐
                 自己卖          合作伙伴卖
                   │                │
        关于"谁来卖"你想明白了吗？   我凭什么跟你合作呢？
                   │                │
         你的主力渠道明确了吗？   我为什么要帮你卖产品呢？
                   └──────┬─────────┘
              为什么要把一个人的事业变成大家共同的事业？
```

现状　自己卖 VS 合作伙伴卖

打造品牌，是一个系统的项目，很多人都想创建自己的品牌，但是一个品牌背后不仅仅是物力财力的大量投入，更重要的是人力。我们常说，千军易得，一将难求。如果你研发出了一个绝世好产品，但是没有人帮你卖，你一个人也很难把品牌推向全国，打遍天下无敌手。

前几年，随着我国微商浪潮涌现，一个人若想成功，要么组建一个团队，要么加入一个团队。在这个瞬息万变的世界里，单打独斗只会把路越走越窄，最终被困在了一个小角落里。抱团的原理是利用团队的力量来为自己做营销，无形中我们也在为团队做贡献，从而达到共赢。尤其在当今愈加残酷的竞争环境中，获客成本不断上涨，获客难度不断增加，在市场上求生存，仅凭几种手段很难有持续良好的效果，更多的是需要团队作战。

可见，当今的社会是团队作战的时代，再也不能单打独斗了，俗话说"一个好汉，三个帮"，没有合适的好帮手帮你卖甚至你都不知道该怎样卖产品，在当今社会真的很难成功。

● 谁来卖？很多时候，是你自己没有想明白

在前面，我们曾讲到零售战场，上兵伐谋，先胜后战。很多时候，我们不成功的根本原因在于在开始做一件事之前，自己根本没有想明白，稀里糊涂地就开始了。

下面这个问题，你想明白了吗？

谁来卖——自己卖还是合作伙伴卖？

假设你要开一家店，投30万，你打了几年工好不容易攒了30万，开一家店，全投进去，亏了就全没了。正确的动作是找人合伙，如果找2个合伙人，你只需投10万，哪怕亏了，你还有20万在手，不至于死去活来，要是你全投入进去呢？说真的，你很可能活不过3个月，因为没人敢保证你创业100%能成功。而且多数人亏的原因是，在创业前根本没有创过业，也就说，还是一个新人，完全没有创业经验。一个没有创过业的人，居然就敢把全部身家投到一家店，你凭什么认为这件事能干成？而不是干倒闭呢？

自己卖	合作伙伴卖
直营店	授权店

图2-10　想清楚是自己卖还是合伙一起卖

所以，我们要好好思考一下"谁来帮你卖"这个问题，如果你找主播帮你卖，那么就是做直播的模式；如果你找加盟商帮你卖，那么就是加盟的模式；如果你找直营店帮你卖，那么就是直营的模式；如果你找微商团队卖，那么自然就要用微商的模式，不同的主力渠道，销售模式也是完全不一样的。（详见图2-10）

很多时候，不是没有人帮你卖，你也不是不知道怎么卖，而是你根本没有想明白，没有明确你的主力渠道是什么。你今天去找人做直播，明天去找

人开直营店，结果哪样都没有干明白，最后自己陷入一片混乱，失去焦点，浪费了时间和精力。

是自己卖还是找人来一起卖，利弊显而易见。当你想通了这个问题，你说："那好吧，我还是找人和我一起共担风险，一起合作吧！"

那么，问题又来了！

我凭什么跟你合作呢？我为什么要帮你卖产品呢？

如果你想找合伙人帮你卖，那么你后续还要回答"合伙人为什么帮你卖"这个问题。如果你的回答是因为赚钱才帮你卖，那么，如果是我，我会告诉你："我卖个西瓜、卖珍珠奶茶都能赚钱，为什么一定要卖你的产品呢？"

对呀，为什么一定要卖你的产品呢？

如果你能留住一群人和你一起来共事，最后才是怎么卖的问题。如果你开发了一个渠道，找了一群人，结果你还要他自己思考怎么卖，那么你八成是不会成功的。

可见，"怎么卖"这个问题很好理解，难的是具体的方法论，别人肯留下来是因为信任你可以给他们提供发展的平台和空间，最直观的就是用结果和业绩说话，如果产品卖不出去，你找来再多人、再信任你也活不过几个月。正确的路径应该是，当你把你的渠道架构搭好了之后，先做几个样板市场落地测试，你先看看自己的方法、策略是否可行，如果可行你再继续扩张。至于具体如何扩张、怎么卖，不同的模式决定了做法的不同，这里我们不作为重点去讨论。

重要的是，我们始终要在思维上保持人间清醒。

走在创业的路上，我相信，每个人都想花最少的钱、办最多的事！最好是不费吹灰之力，产品就能卖出去，成本就能收回来。

你可能会想，这怎么可能呢？那岂不是人人都能赚到钱了？实际上，在今天这个时代里并非不可能。只不过，今天的社会太需要合作。因为只有合作，你的价值才能放大；只有合作，你的价值才能保持长久。要知道，一滴水只有放在大海才不会干枯。一个人只有加入团队才不会失败，所以成功者与失败者最大的区别就是成功者每天想着与人合作，失败每天想着给人拆台，结果帮助别人的人，自己越来越成功；打击别人的人，自己越来越失败。

如果不相信，大家可以观察一下自己身边的人，凡是经常夸奖别人好的人，他自己也差不到哪里去。凡是经常说别人坏话的人，他自己也好不到哪里去。凡是主动与别人合作的人，他的事业都做得比较顺利。凡是总是拒绝与人合作的人，他们的事业难以做大。

其实，当你还在犹豫要不要和有实力的人一起合作的时候，那些巨头企业如海尔、格力早已开启了它们的合伙人计划。

思考 海尔如何把一件事变成大家的事业？

很多人认为，现在的老板是越来越不好当。从根本上说，是因为在雇佣制的管理机制之下，员工从本质上来讲就是在为老板打工，而打工者的潜能并没有被完全激发，你没有得力的助手、专业的合作伙伴帮你一起去卖产品，老板一个人在那吆喝当然累了。只有员工的潜能最大限度地被解放出来，老板才能越来越轻松。其实，随着中国经济进入新常态，传统实体企业都早已开始尝试管理制度转型，合伙人制就是企业在转型过程中的必选选项之一。

● "没有成功的企业，只有时代的企业"

在海尔内部有这样一句话，"没有成功的企业，只有时代的企业"。张瑞敏认为，所谓的成功只不过是因为企业踏准了时代的节拍，只有不断创新和战胜自我，才能在变化的市场上以变制变、变中求胜。

海尔，这个几乎为所有中国人所熟知的企业，是为数不多的能够在改革开放的时代洪流中一路乘风破浪、屹立不倒的品牌之一。在过去的30多年中，海尔从一个负债147万元的集体所有制小厂成长为年销售额千亿的家电巨人，正是得益于能够把握时代脉搏、制定正确的发展战略。

2013年，海尔提倡进行企业平台化、员工创客化、用户个性化的"三化"改革。企业平台化就是总部不再是管控机构，而是一个平台化的资源配置与专业服务组织。并且提出管理无边界、去中心化，后端要实现模块化、专业化，前端强调个性化、创客化。具体表现为以下五点。

第一，平台化企业与分布式管理。

张瑞敏认为，互联网时代的企业，不仅要打破传统的科层制度，更重要的是要变成平台，互联网就是平台。原来企业有很多层级，现在只有三类人。这三类人互相不是领导与被领导的关系，而是在创立海尔企业总部时就在向着资源运筹与人才整合的平台转型。企业不再强调集中式的中央管控，而是通过分权、授权体系，把权力下放到最了解市场和客户的地方去。

第二，"人单合一"自主经营体。

以用户为中心的"人单合一"模式在海尔已经推行好几年了，并且还在不断完善中。所谓人单合一双赢模式，就是运用会计核算体系去核算每个员工为公司所创造的价值，依据员工所创造的价值来进行企业价值的分享。这种模式使海尔内部形成了无数个小小的自主经营体，员工自我经营、自我驱动。

第三，员工创客化。

在海尔目前做的就是把员工从雇佣者、执行者，转变成创业者、合伙人。同时海尔内部设立了专门的创业基金，并与专业投资公司合作，支持员工进行内部创业。员工只要有好主意、好点子，公司就可以提供资金鼓励他组建队伍去创业，而且员工可持股。

第四，倒逼理论与去中心化领导。

所谓"倒逼"，就是让消费者成为变革的"信号弹"，让消费者倒逼员工转变观念、提升素质。而"去中心化"，就是企业不再强调"以某某某为核心"，员工只是任务执行者，现在是强调"人人都是CEO、都是经营负责人"，人人都成为自主经营体，员工也可以去做CEO做的事情。管理者则要从发号施令者转变为资源的提供者和员工的赋能者。

第五，利益共同体与超值分享。

海尔提出，企业与员工是利益共同体，共创价值，共享利益。员工只要超越了应为公司创造的价值，就可以分享超值的利益。

从海尔的变革中，我们可以清楚地看到，由过去从领导分配任务到自己主动找"用户"，从公司发放薪酬到自己找"订单"从而得到酬劳，从被雇佣关系到合伙创业关系。对比传统的"中国式合伙"，海尔的合伙制，则是基于新商业文明规则，回归到了企业本质的变革与创新，从而凝聚了一批有追求、有意愿、有能力的人才抱团打天下，让员工变成"合伙人股东"，让一件事变成了大家共同的事业。

洞察 指数型组织进化论

全球商业太空探索的领军人彼得·戴曼迪斯曾说过："在当今的商业世界，一种被称为指数型组织的新型机构已迅速蔓延开来，如果你没能理解它、应对它，并最终变成它的话，那么你就会被颠覆。"

那么，什么是指数型组织？它跟我们卖产品、要不要合伙有什么关系？这要从当今企业的两种组织类型说起。

● 线性组织VS指数型组织

未来所有的公司都会是指数型增长的组织，加入其中便意味着拥有了未来。而如果你的组织一直处于线性增长的发展模式中，到最后你会发现，成本永远比你的收入增加得更快，风险系数也会水涨船高。

我们惊叹于小米的迅速崛起和阿里帝国的快速扩张，也好奇是什么让谷歌在波诡云谲的竞争市场里始终走得稳健从容。其实，不管是小米、阿里还是谷歌，它们的成功都离不开幂次法则的作用。

为什么我们在这里要讲幂次法则呢？因为指数就是幂次法则！

在1920年，世界500强企业的平均寿命是67岁；到了2019年，世界500强企业的平均寿命只有12岁。

世界500强企业正在变得越来越年轻，这就意味着那些曾经的老牌大公司逐渐被新兴公司取代，其间的根本原因就在于传统的线性思维被幂次法则打得一败涂地。

举个简单的搬砖例子：

老王跑到工地上去搬砖，一个小时可以搬100块砖。如果他以目前这种速度持续干下去的话，3个小时他可以搬300块，5个小时可以搬500块。老王想，要是一块砖5毛，老王一天24小时不间断地搬的话，收入是：$0.5 \times 100 \times 24=120$元。坚持个几十年，老王就是个小土豪了。

这个就是线性型组织的简略模型，老王搬砖的成绩随着他的时间累积成正比。老王的这种搬砖思维就是线性思维。

在线性组织我们会发现一些特性：等比例增长或降低。它是一种简单的思维方式。如果你的公司是传统型组织的话，你会发现它基本上是这种思维比较多。如果这种思维方式去做事情的话，你会发现，天花板迟早有一天会到来，而且时间还不会太晚。

那什么是指数型组织？

指数型组织是指在运用了高速发展的技术新型组织方法的帮助下，让影响力（或产出）相比同行发生不成比例大幅增长的组织（至少10倍）。与传统线性增长公司相比，指数型组织的发展路径会带来颠覆性革命。大部分世界500强公司，谷歌、亚马逊这些知名的公司，都有一个让人称羡的共同点，那就是——他们都是非常成功的指数型组织。而传统的线性组织，其成长方式呈线性，需要大量资源注入，长时间的运营积累，无数人毕生才智和青春的贡献，才有可能成就一家巨头企业。（详见图2-11）

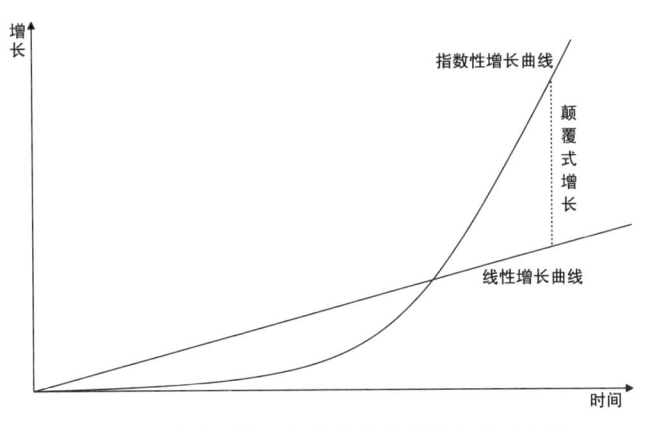

图2-11 指数型组织与传统线性增长企业对比图

无论是"新零售"还是"传统零售",究其本质来看最终目的都在于围绕用户,如何能够更完美地满足其需求。而传统组织的产出往往都是呈线性状态发展,如果想要增加产出数量,就必须要增加劳动力或生产资料的数量。然而,指数型组织的出现对传统线式增长带来了颠覆式的革命,想要依靠传统方式获得组织长远发展的愿望,正在被这个时代快速地冲击与颠覆。新零售不仅仅是终端消费场景简单的发生变化给消费者带来良好的体验,关键是如何支撑这些消费体验和消费内容,这就需要构建新零售时代下的新型指数型组织。确切地说,就是要将指数型组织与新零售结合起来,以用户为核心,在产业链的各个环节对组织进行颠覆性改造,以实现对新零售模式的有效支撑。

无论你所在的公司是规模成熟的"巨头",还是处于新零售起步阶段的"雏鹰",无论是传统企业,还是新兴企业,未来企业应该就像是一个透明的众能组织,像海绵体一样,可以吸收所有的能力方。这也是为什么我们要合伙,因为我们要找到更多有能力的人来帮我们一起卖,才能聚合势能,才能让销售事半功倍,业绩呈指数级增长。这种模式也决定了企业要变得极端的透明化,不要隐藏你的痛点、需求和你的能力,反而要把你的能力、你的痛点大方讲出来,让别人随时可以介入。这样你的组织才能够打破边界,才能够做大做强。

第八问

如何卖100年？

当你弄懂了上面七个问题之后，你也已经走过了一段创业之旅，你是否想过这个问题：我的企业如何做到100年？

你可能会说，百年太久，只争朝夕。

但是，你能不能做到是一回事，而你知道不知道是另一回事。

作为一个企业的老板，我们思路首要先明确和清晰。"先胜后战"中的"先胜"，说的就是在创业前要把这些问题反复推演，最后去落地实施，拿到成果之后，再去进行全国推广和扩张。

如果你能想明白这三个问题，也不至于在危机到来时手忙脚乱。

第一件事，你想不想干得久？

第二件事，客户需不需要你干得久？

第三件事，你还能不能为客户解决问题？

如果你能把这几个问题回答了，你才有资格踏入市场，征战江湖！

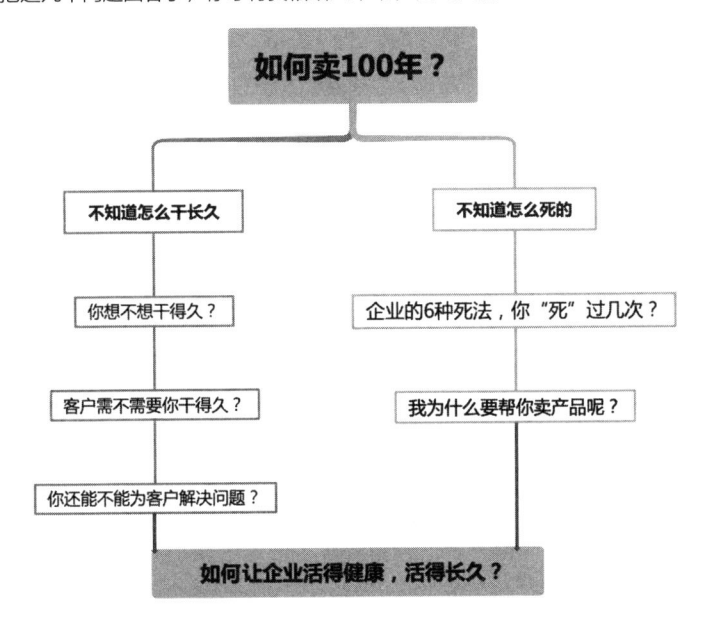

```
                    如何卖100年？
                   /            \
          不知道怎么干长久      不知道怎么死的
                |                    |
        你想不想干得久？    企业的6种死法，你"死"过几次？
                |                    |
       客户需不需要你干得久？   我为什么要帮你卖产品呢？
                |
     你还能不能为客户解决问题？
                   \            /
                如何让企业活得健康，活得长久？
```

现状　不知道怎么干长久 VS 不知道怎么死的

投资大佬查理·芒格说过："如果我知道我会在哪里死去，我将永远不去那里。"企业和我们人类的生老病死一样，最终都要面对死亡，但死亡不只是一个结果，而是一个过程。差别在于，有人死得早，有人很长寿，这当中的内外因素有很多。相同的是，企业和人一样，没有人愿意早死，我们创业都想干得长久，做一家百年企业。然而，大量的企业案例告诉我们，很多企业都会因为自我膨胀、陷入内耗、决策失误等人为原因而中途夭折。

● 企业经营的四大现状

所谓人为原因，主要有两点：第一是不了解企业现状，所以不知道如何才能干得长久；第二是不了解企业可能存在的死法，所以在经营过程中不知道如何避坑。

我们先来看一下，很多企业都不自知自己就处于这种现状。如图2-12所示：

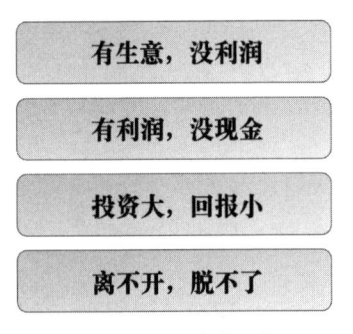

- 有生意，没利润
- 有利润，没现金
- 投资大，回报小
- 离不开，脱不了

图2-12 企业经营的四大现状

现状1.有生意，没利润——从早忙到晚，也不知谁给谁打工

我的意思是努力工作奋斗并没有错，但如果你觉得自己的生意还不错，但忙活一通后，到头来就是没有利润，当你的付出与回报不成正比时，那么你自己就该好好反思一下了。

现状2.有利润，没现金——利润不错，手里却总是没钱

创业开公司其实是一件挺烧钱的事，你打工时是老板给你发工资。你创业时，从发工资到成本投入到处都要花钱，一不小心就可能收支不平衡。如果你觉得自己赚到了钱，但一用钱时就发现好像还是没有钱可以周转，那么你同样需要好好反思一下。

现状3.投资大，回报小——投资成百上千万，回报竟交不上房租

当企业发展到一定阶段，当你投资了几百、上千万，但有一天你发现赚的钱还抵不上房租、利息。那你就要小心了，如果你脱不了，不能根治这个问题，你可能永远就上不了岸。

现状4.离不开，脱不了——企业离开老板就无法运转

我见过许多老板总是把企业和自己混为一谈，结果老板不像老板，企业不像企业，想干点什么时发现自己完全脱不了身，企业一旦离开自己就会一穷二白。这样当老板，恐怕你只能一个人干到死！

如果你的企业现状命中了上述几点，如果你还不改变，我想倒闭是必然的。你现在经营得再好也只是昙花一现，永远做不大。

思考 企业的"死亡笔记"你触碰过哪一页？

要么做不大，要么做大就容易死，为什么会形成这样的局面呢？

在过去的十年里，我在创业的路上研究过大大小小数千个企业，其中的因素当然有很多。但从本质上来说，可以归结为老板不懂财务。开篇我们谈到企业和人一样，人要生存靠什么？你的意志再坚定，但是生存首先不能没有钱。企业也是一样，理想丰满，现实骨感。做梦每个人都会，但要想让梦想照进现实，没有钱也很难落地。你没有钱还把人拉来跟你一起合伙，那你就是在给人家画大饼。

再具体一点说，可以归结为：

第一，你的企业没有全方位的财务制度；

第二，你没有风险意识；

第三，你没有数据思维，都是拍脑袋决策。

那企业又为什么会死呢？

● 企业的六种死法

列夫·托尔斯泰有一句名言："快乐的家庭总是相似，不幸的家庭各有各的不幸。"对于创业这个事其实是反过来的，成功的公司，成功的原因总是不一样的；失败的公司，失败的原因都很相似。

所有的成功都是在特定场合、特定环境下的产物，天时、地利、人和缺一不可。成功永远不可被复制，而失败，则是可以被避免的！对于创业这件事情来说，如果是能用钱解决的事情，压根就不是一个事。

如果我们能提早知道可能导致企业死亡的原因，对于预防和避雷还是有一定意义的。以下创业失败的这六种死法恐怕涵盖了80%以上创业失败的主要原因，先介绍这六种死法，用实实在在的痛苦与教训和大家分享那些企业

为什么会死在路上？（详见图2-13）

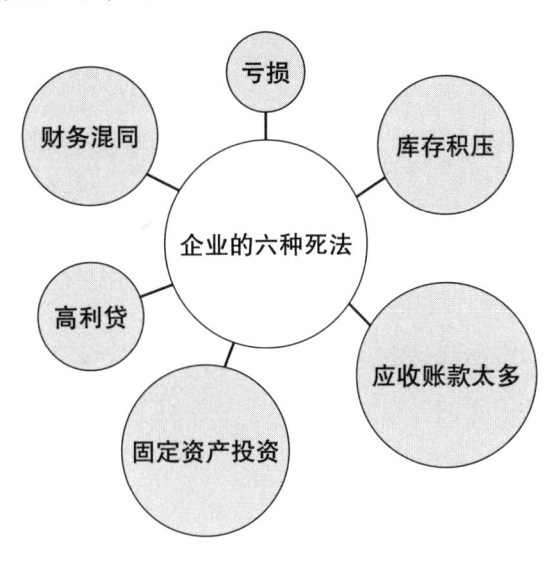

图2-13 企业的六种死法

1. 亏损

亏损其实是结果而不是原因，这是所有创业失败的CEO拿来说的故事。创业的失败最终肯定是因为亏损没钱，但是这是结果不是原因，亏损是因为你做的事情不对，是因为你找的人不对，是因为你的产品不对，还是因为你的营销不对，或者是你的扩展策略不对，搞到最后没钱了，所以，亏损是结果不是原因！

2. 库存积压

库存太多就相当于你把钱换成了货，货卖不动自然又要亏损。恒大曾经拥有2.2万亿资产，但负债1.9万亿，它的净资产只有三千亿。所以，为了生存，恒大就必须立即处理存货，它的存货就是房产，于是打折出售，将房产变现。

你可能以为，堂堂一家大企业犯得着这么做吗？

殊不知，十家公司倒闭，九家死于库存。即便强如苹果，也曾被库存积压拖累，险些破产。

1993年，苹果因为笔记本电脑产品Power Book的库存积压，蒙受巨大损失。

为了避免重蹈覆辙，1995年，苹果调低了下一代产品Power Macs的生产量。

但出乎意料的是，这款产品上市之后，销售却出奇的好。

然而苹果害怕库存会再次积压，不敢加大产量，于是Power Macs又出现严重的量产不足的问题，再次遭受巨大损失。

当年苹果的供应链管理之糟糕，由此可见一斑。

而且苹果很多产品都是定制化零件，更是加重了苹果的供应链负担。不得已，一贯控制欲极强的乔布斯，最终还是妥协了。他将生产制造业务逐步外包，才在一定程度上解决问题。

3. 应收账款太多

什么叫应收账款？通俗的解释就是，你把货交给了别人，但是别人却没给你付钱。比如前几年的乐视。

4. 固定资产投资

固定资产投资，即你把现金变成了厂房、设备导致固定资产过高，结果也是死路一条。最好的例子就是蒙牛和太子奶。

蒙牛曾从摩根士丹利融资了五个亿，全部花在了市场上，它的生产线是租的。你没听错，蒙牛虽然是一家生产牛奶的公司，但其生产线居然是租用的，那么租生产线有什么好处？很简单，生意好时就多租，生意不好时就少租，市场实在不景气就退租。

而太子奶也融资了五个亿，结果它拿过来以后在滁州建了一个工业园。那么，把五个亿投在市场上容易变现，还是建工业园容易变现？

答案不言而喻，就在2010年6月21日的那天早晨，一个震惊全网的消息被爆出，那就是一代"酸奶大王"太子奶集团的李途纯负债累累，最后被采取了强制措施，而同时期的蒙牛成了中国乳业的第二名。

可以说，认知决定思维，思维决定行为，而行为决定了结果。

如果我今天创办闪亮柚是用我自己的资产去投资工厂，恐怕同样早就死掉了。因为工厂每天都要开，工人每天都要付工资，那如果工厂一旦没有订单，相当于全家都会饿死。相反，我把钱投入到市场中，去链接我们的用户，用户买的多、订单多，我就多下单，卖得不好时就少下单。这样一来减少了大量成本不说，也让我的合作伙伴们免于一场无妄之灾。

5. 高利贷

有些很有信心和野心的老板，不惜以过桥借贷、银行贷款等各种高利贷来经营企业。当然，也不是说完全不能借贷，比如企业在面临危机的生死一线间，但是你要先考虑自己的现状，如果借贷你能否负担得起并且保持盈利。此外，借贷与融资不同，就算是三大巨头，如果他们不是融资了几百亿，而是借贷了几百亿，恐怕一年利息都要五十个亿以上。那他们还怎么盈利，如何还能上市？

6. 财务混同

无论是做银行贷款还是商业融资，都需要企业提供财务报表。但总有一些人试图钻空子，在财务上弄虚作假。如果能还上钱还好，否则就是犯了诈骗罪，那等待你的就只能是牢狱之灾了。这点不用多说，无论国内还是国外，不管是企业还是个人，商业犯罪的案例不在少数。

事实上，企业的"非正常"死法还有很多，在经营企业这条漫长的路上坑坑洼洼的雷区不计其数，我们唯有擦亮双眼，积极发现，趁早规避，才能避免让自己陷入危险境地，也唯有如此，才能在无数竞争对手中脱颖而出，干得久一点，坐看四季风景，迎来春暖花开。

洞察 居安思危，让企业活得健康，活得长久

100岁的企业，18岁的心脏——这大概是所有企业家的美好愿景。

但活到100岁是说起来容易，做起来难了，更何况是始终保持年轻的心呢。在这个漫长的过程里，你要打破无数个瓶颈，克服无数种困难。时刻保

持心脏的脉动强劲有力,血液流动畅通无阻。在企业的无数种困境中,我想着重提醒各位老板的是,无论何时,一定要保持企业的财务健康。最早进入中国内地的港资企业之一,也是香港的"四大天王"之一——新世界,以及李兆基的恒基兆业,这些上市公司的规模要比国内地产上市公司大100多倍,那么这些企业的资产负债率是多少呢?只有20%,但他们的现金比例占总资产的5%~15%,而我们国内很多地产上市企业的负债率是100%~300%,现金流却一塌糊涂。而企业的财务是否健康,往往决定了它在生死一线间时能否经得起考验。

● 企业的财务是心脏,资金是血液

既然我们都希望活到100岁时仍有一颗健康的心脏,那么,对企业来说,财务就是心脏,而资金就是血液。

企业能否健康地生存和发展,因素当然有很多,但在所有的要素中,财务健康是第一位的。放眼全球,百年老店的长寿无不得益于健康的财务体系和财务管理,而那些半路"猝死"的企业则通常是由于资金链断裂,又没有办法继续融资,只能等死。因此,当中国的企业开始参与国际化竞争并将"百年老店"作为发展目标时,提升融资能力、优化财务管控,消除财务风险就成了迫切的任务和头号难题。

我认识许多从事不同行业的老板朋友,他们经常提到的创业两大难,其一是拓展业务难,其二就是管理财务难。甚至很多人没有倒在产品上,也没有栽在竞争中,最后反而陷在了财务的泥潭里。尤其是很多初创企业的老板,他们甚至连财务报表都看不懂,就更别提把控大局,应对危机了。

也曾有一些老板邀请我去到他们的企业里,帮他们诊断财务问题。

其实,要想诊断一家企业的财务是否健康,用下面这3点去检验就足够了,大家不妨自查一下。(详见表2-1)

表2-1 检验企业财务是否健康的三个标准

你的企业财务状况是健康的吗?	
看现金流	有没有钱，钱从哪里来
看盈利	赚不赚钱，靠什么赚钱
看老板	有没有意识，有没有能力

通过这三点，我基本就能看出企业在财务方面存在的问题。在中国，其实不乏那些明知财务管理重要却始终不加以重视的管理者，尤其是中小企业，很多老板都把营销放在第一位，认为只要有业务，就有资金入账，有了资金就能继续扩张。

的确，没有市场，企业将无法生存；没有管理，企业就会失去竞争力。但如果不重视财务，企业迟早会面临许多危机。例如，展开项目时从来不做预算，因为一开始账面有钱，花起来混乱无序，最后资金紧张时，自己都不知道资金链是从哪里开始断裂的。再比如，公私不分，将自己的财产与企业的资产混淆；资金使用率低下；游走在税法的灰色地带，试图钻法律的空子，甚至做低利润、做阴阳合同、伪造单据、买卖发票……

殊不知，这是非常危险的信号。唯有居安思危，才能避免资金链断裂的阵痛，减少损耗，让企业没有负担，快速运行。

冰冻三尺非一日之寒，成功不是一蹴而就的，负债的增加也是逐年累月的。无论是企业还是个人，既不能"暴饮暴食"，也不能"过度节食"，唯有"合理膳食"才能有效保证身体和心脏的健康，就算活不到100岁，但至少可以尽力活得健康，活得长久！

PART 3

精准获客：
八部心法，成就用户

从商业思维到商战思维，使你认识到商业竞争的残酷。当你从思维落地上升到精准获客这一更高的维度，它的残酷性就无情地显现出来了。到最后你会发现，商战就是一场你死我活的斗争。

你最好不要总想着立刻成事。因为你所谓的"战略"，有可能只是拍脑袋决策时的焦虑情绪。很多人说，不干点什么就觉得自己"不作为"。殊不知，在没有战法之前的胡乱作为，往往是牵一发而动全身，一动就变成了"不作死，就不会死"。

《孙子兵法》中的"计"，是指计算敌我双方，就像企业战略中的SWOT优劣势分析法一样，先进行比较，再考虑要不要征战，如何作战。

第一，"道"——恩信使民。

第二，"天"——上顺天时。

第三，"地"——下知地利。"天"和"地"说的都是时机，干一件事符合时机才能干成，时机不对就按兵不动。

第四，"将"——委任贤能。比较双方的将帅谁更厉害，没有将领的团队也没有战斗力。

第五，"法"——军法法治。人和为本，然后修法，因为法令严明，令行禁止。有所为有所不为，才不会导致混序。

可见，任何交战都是需要一套系统战法的。来到第三部分，我们就是要用对应的战法——"天龙八部"来解决第二篇中对应的八个问题。并且，每一部中都有一个对应的法则来指导我们的战法，这样我们就能在今后其他领域的实践中"乃为之势,以佐其外""势者,乘其变也"。这里的是"势"是形势的势，也就是说，在任何战场上，都能根据形势的变化趋利避害，见机行事，化不利为有利。方能不战而全胜，最终抵达未来。

获客心法——成就用户的八个策略

通过前面的八个问题，相信大家已经读懂了用户，并通过问题后的思考和谋算加深了对问题的理解。接下来，我们就要开始用思维指导行为，将八问应用于实践，在获得用户后，再拓展渠道，最后强化平台。

第一部，用户——锁定靶心。

在弄明白第一个问题——你的产品卖给谁之后，你就要想办法精准锁定靶心，也就是你的用户。锁定了用户之后，还不要高兴得太早，更不要天真地以为你可以把产品卖给所有人。世界上所有的产品，都是满足一部分人的需求。这里的"一部分"可以是一群人，可以是一类人，也可以是一个地方的人。

究其本质，小米是卖给华为和中兴等对手的客户，服务的是企业家群体、年轻群体等一群人；王老吉是卖给吃火锅的人，是基于一个地方的火锅店开始延伸目标人群；而我们闪亮柚同样是服务想要防控近视这类群体。我们不可能满足所有顾客的需求，也不能满足顾客的所有需求，我们能做的就是聚焦目标客户的核心需求，比竞争对手提供更有价值的产品和服务，才有可能获胜。

第二部，洞察——核心需求。

通过第二问，我们了解到用户之所以买，是因为我们洞察到了行业需求。人们饿了想要吃饭，所以才有餐饮业；人们追求好吃，所以才有了各式各样的多元化菜系；人们追求更高品质的就餐环境，所以诞生了越来越多的体验感极佳的网红餐厅。这就是需求，第二部将告诉你怎么洞察那些不易被察觉到的隐性需求。

第三部，价值——非买不可。

洞察了需求以后，要想让用户心甘情愿地、迫不及待地非买你的不可，我们就要为购买提供充足的理由。这个理由你想不想得清楚，就决定了后面你说不说得明白。购买理由不是知识，不需要给消费者灌输知识，说到底，要想与竞争对手的品牌进行有效区隔，就要为用户提供独一无二的价值。

第四部，信任——一秒破防。

钱大妈——因为不卖隔夜肉，所以用户相信品质安全可靠，吃着放心；

王老吉——因为有一股淡淡的中草药味道，所以用户相信可以去火；

小罐茶——因为有一套"大师造"的传播逻辑，所以用户相信它好喝。

当产品有了可供传递给用户的价值，下一步就是要让用户相信你，这是一切成交的开始。

第五部，传播——有效广告。

产品再好，用户再信任你，如果用户不知道你的产品，那么他们永远不可能购买你的产品，也就是说我们作为产品的供应方的首要任务就是让买家看到我们的产品。

你为什么会买AD钙奶？你为什么会吃巴奴火锅？从本质上来说都是因为你知道。

为什么全世界的人都知道了可口可乐、娃哈哈，他们还要做广告？因为他们不仅要让用户知道，还要不断加强认知，加深用户的印象。只有持续传播形成持续认知，才能激发用户的欲望。

第六部，渠道——购买场景。

同样的道理，用户有了购买欲望后，你还要让用户能第一时间找到你，用最简单便利的方法下单，有了这一购买场景才能最终形成交易。对用户而言，"方便是永恒的需求"，永远不要尝试考验用户的耐心。

第七部，将领——合伙共赢。

做企业，特别是连锁企业，人才是必不可少的。

一滴水只有滴进大海，才不会干涸；一个人只有加入一个团队、一个平台、一个企业，才能有更长远的发展；同样，一个老板、一个组织只有拥有优秀的合作伙伴，才能把市场这块蛋糕越做越大。"欲治兵"必"先选将"。

第八部，持续——一生一世。

每个人在创业之初，都是奔着百年老店的目标去的，没有人愿意在大浪淘沙后，不幸地被拍死在沙滩上。也没有人会嫌弃自己的企业活得健康、活得长久。但究竟怎样让自己辛辛苦苦打来的天下、建立的基业持续一生一世，这往往取决于内外两大因素。第一，市场外部因素，也就是行业始终需要你，你始终能满足用户的需求；第二，企业内部因素，企业内部不要犯错，至少要少犯错。

虽法有定论，兵无常形。但流水不争先，争的是滔滔不绝。善终比善始重要100倍！无论你今后是干大事业还是做小本买卖，都离不开用户。因此，留住用户，坚持长期主义，赢得用户的心才是商道的终极追求。

第一部

用户——锁定靶心

问题回顾：你的产品卖给谁？

脑白金曾连续5年被评为"十大恶俗广告"之一，但是其销量却屡次蝉联第一，为什么？

因为所谓"恶俗广告"是媒体评价的，然而，产品的广告却是给用户看的。脑白金最终也是卖给用户而不是卖给媒体的。

再如我们所熟知的红牛，广告语是"累了困了喝红牛"——后来有人说太土了，于是红牛改为了"你的能量超乎你的想象"。结果后来有一个品牌叫东鹏特饮，直接复制了被红牛弃用的广告语"累了困了喝东鹏特饮"，最后分得了红牛的半壁江山，甚至还上市了。可见，就算是大企业若不能锁定靶心，在抢夺用户时也会被干扰、被对手打击。

在第二问中，我们分析了中国餐饮业最开始是大酒楼模式，大酒楼模式就是想把川、湘、鲁、豫、粤一网打尽，什么类型的用户来了我都能满足，但这种模式最后全军覆没。突然出现了一种全新模式叫湘菜馆、川菜馆、粤菜馆等专业菜系，结果受到用户的喜爱，因为用户选择的就是专业菜系。

也就是说，如果第一颗扣子扣错了，后面所有的都会偏离，再好的商业模式最后都要通过用户变现。一动盲动，没有结果，山头就打不下来。

所以，过去做商业最大的错误，就是没有想明白自己服务的究竟是谁，那些做大而全的企业渐渐都消失在了时代的洪流中。

今天很多人都存在一个心理，就是自己想干又害怕，于是一边踩刹车一边踩油门，干时不能全力以赴，不干又不甘心。这主要是因为我们大脑当中没有一套完整的思维体系，能够一眼洞察到问题的本质、锁定靶心。记得《教父》里有句话，说的是三年能看到本质的人和一分钟能看到本质的人，两个人一定是两种人，他们的命运绝对不一样。

你想成为哪一种人？

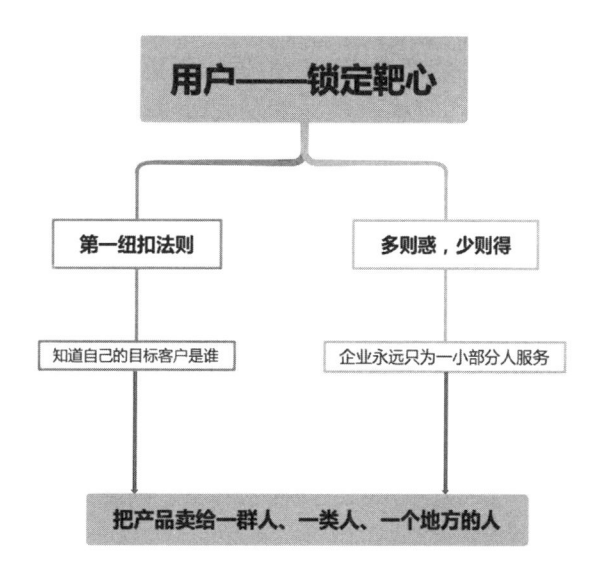

```
                用户——锁定靶心
                      │
          ┌───────────┴───────────┐
     第一纽扣法则              多则惑，少则得
          │                        │
    知道自己的目标客户是谁      企业永远只为一小部分人服务
          │                        │
          └───────────┬───────────┘
                      │
         把产品卖给一群人、一类人、一个地方的人
```

法则 "第一纽扣"

攻城要先找到战场，打靶要先找到靶心。精准地找到你的用户是成功获客的"第一纽扣"——你只有找到这颗纽扣并扣对位置，才能确保接下来的销售顺利进行。

● 锁定用户的商业法则——第一纽扣法则

所谓"第一纽扣"，意思是说如果你的第一颗纽扣扣错了，那么后面所有的纽扣就都错了，哪怕你扣得再好也没有用，因为调整要耗费的成本很高。应用在商业中，卖给谁就是"第一纽扣"，唯有清晰、精准地知道自己的目标客户是谁，接下来你围绕用户做的所有事才是有价值的。"第一颗纽扣"一旦有偏差，那你前期的所有付出都会付诸东流成为沉没成本，即便是千方百计得到了第一位用户，但由于这位用户本身就不在你的目标群体中，他很快会成为你的过客而难以转化为老用户，你起初得到的也将成为过眼云烟。因此，你必须非常理性地确定你的"第一个扣子"有没有扣对，否则所有的盲动都是浪费。

第一纽扣法则中有两个角色：纽和扣。纽代表你的产品，扣代表用户和他的需求。第一个扣好的扣子代表着产品稳定的用户价值，这是你产品的价值原点，也是一切的起点，有了这个1，后面才可能添加无数个可以增值的0。

但是第一个扣子扣好的要求并不简单，因为它需要具备稳定性，可封装化，否则后面的模式和运营以及任何设计都将失效。一个扣子可以错开套进任何一个其他的扣眼，一个扣眼也可以扣进任何不同的扣子，但是你必须非常清楚的是：一个纽和一个扣只有在一个位置才是最匹配的。

类比到商业里，就是说一个产品可能会满足很多用户或用户的很多种需求，一个需求也可以通过很多种不同的产品实现满足。然而，只有一个产品和一个需求在某一个具象的场景（位置）中匹配是最具效率和最具价值的，因为成本最低、回报最好，并且可以保障重复实现。

举个例子，在疫情期间，N95口罩在新冠病毒传播的场景中匹配个人防护需求时是最具效率和价值的，因此导致了供不应求并涨了价。但疫情之后，口罩这个产品就只能换一个防护场景，匹配的需求也会完全变化，价值自然不如当前。所以如果你此时研发一个完全匹配的防治新冠病毒的口罩，那么疫情之后这个用量可能就是大问题，不但有可能赚不到钱甚至这个产品都没有了用武之地。这种情况就是场景的不稳定性导致的需求动态的失衡，就会使得你所选择的项目或产品变成一种风险。

落地 用户因行业而来，因企业而留下

当你精准地扣对了"第一颗纽扣"以后，接下来还要想办法不要让扣子掉下去。

在今天这个信息大爆炸的时代，各种消息铺天盖地，企业的推广信息也很容易就会被覆盖，所以对于现代企业的发展来说，离不开用户的支持，但如何留住用户就成了必须要考虑的一个问题。

● 用户因为行业而来，因为企业而留下

用户因行业而来，这里的行业是指行业趋势，看一个行业的趋势，就看这件事对人们的价值（帮助）到底有多大。

例如，支付宝在2004年刚上线时，那时人们就告诉你出门不用带现金，你可能不会相信，但是如果真的可以实现出门不带现金，这对用户来说其实是非常方便的。反过来，对于企业而言，只要价值足够大，那么被用户认可这一天迟早会来临，这就叫作趋势。

根据《2021年中国眼健康白皮书》显示，小学生近视率36%，中学生近视率71%，高中生近视率81%，大学生近视率超过90%，如果现在不对我们的孩子做近视防控，意味着未来90%的孩子都会成为近视。（详见图3-1）

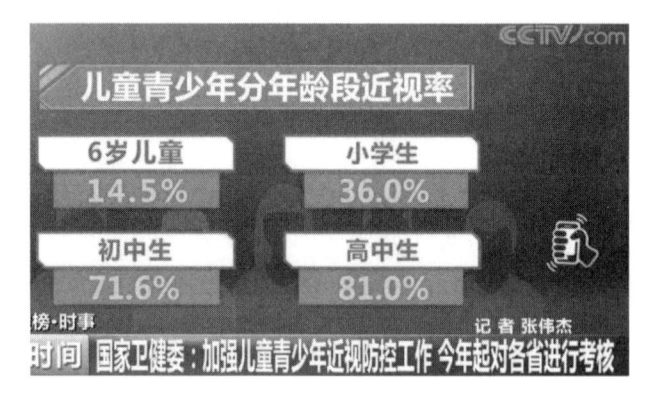

图3-1 央视关于中国儿童青少年近视情况的报道

孩子一旦近视，不但影响他的生活和学业，还会影响他的健康和事业，但是由于近视防控在我们国家基本没有普及教育，让很多家长根本不知道原来近视是可以调理的，以下三点原因，导致我们成为一个近视大国：

第一，家长不知道孩子近视，缺乏对孩子的陪伴和观察，孩子在青少年时期近视不被家长发现，错过了近视最佳防控干预时间，从而让孩子近视越来越严重。

第二，家长不相信近视可以通过物理调理得到改善，因为现在铺天盖地的新闻都说近视是不可逆的，所以家长不选择为孩子防控近视，而是为他戴

眼镜。

第三，家长不重视孩子的近视问题，很多家长认为近视现象无足轻重，近视戴眼镜就好，所以不会对孩子的近视问题过多干预。

可是很多家长却不清楚，孩子眼睛看得见和看得清，意思相近却结局不同，看得到和看得远一字之差，但谬以千里。

面对当下日益严峻的青少年近视问题，市场上也有相当多企业加入改善视力的阵营，眼罩、视力保健、激光手术、ok镜等产品层出不穷，眼镜行业也被人们冠以"超暴利"的行业，但是各位家长又不得不选择，大家都知道眼镜一戴就是一辈子，近视度数还会加重，长期压迫鼻梁甚至影响孩子正常发育，手术后遗症更是不可逆转。

对此，有一个问题始终萦绕在我的脑海——有没有一种安全有效的视力防控手段呢？

基于此，我想我不仅要创立一个品牌，打造一款又一款极具颠覆力的黑科技产品，同时我更要扛起这份社会责任，力争与中国无数个中小学合作，加大学生的近视防控公益宣传，提升学校和家长对近视问题的认知。

就这样，我和闪亮柚团队经过多年研究，用科技力量实现"动焦训练"的方法，设备可以自动识别个人近视、眼球、睫状肌实际情况，采用最佳的焦距变化训练眼睛。用户使用25分钟即可有效提升视力。这样的产品具有三大优势：第一——有效，有效提升裸眼视力；第二——安全，自然物理训练法，无副作用；第三——简单，操作方便，简单易学。（详见图3-2）对于用户来说，只需要花一副买眼镜的钱就可以体验到闪亮柚25分钟改善视力的明显效果。

图3-2 闪亮柚的三大优势

正因如此，在面对超过6亿近视人群的市场蓝海中，闪亮柚在全国开设近视防控中心，送给国人一个光明的未来，让光明的前景没有眼镜的负担。很多用户视力从0.1提升到1.2，从0.3提升到1.5，目前市场落地已累计上百万个有效案例。（详见图3-3）

图3-3　闪亮柚市场落地的部分有效案例

近年来，在国家的战略趋势下，经过调研我们发现中国有近3亿的用户市场，这就是我们这个行业的趋势所在，用户会因行业而来，来了之后会因我们提供的价值而留下。

同理，电动车之所以会成为趋势行业，是因为它更省油，不用加机油，不用打火，几乎什么都不需要，只需要充电就可以，这是它的行业价值所在，就算它现在存在很多问题，但依然是未来趋势。可见，历史的车轮滚滚向前，重要的是你要找到大道之所在，用户的需求早晚都会被解决。最可怕的是你把什么都做得很好，但是用户不需要你。因此，我们讲的商道是战略和战术，是价值观，是你到底代表谁的利益。

为什么直播电商今天会这么火？因为直播电商是代表用户的利益，例如，大家都想喝茅台但是拿不到最低价的，电商直播就相当于团购，一群人组团用最低价格去购买，厂家则相当于薄利多销。

锤子科技创始人罗永浩当年一年赔了6个亿，做直播电商以后几年就赚得比他创业时还多，这不只是因为他踩在了风口。他做手机虽然败给了小米，但他和雷军学会了一件事，即雷军说要把用户当朋友。老罗也学会了，于是直接开个公司，起了个名字就叫交个朋友。他的直播间广告语——不为赚钱，只为交个朋友。他用真实的故事给后来者上了很好的一课，让我们更加清楚该如何判断行业趋势，锁定靶心，一击即中。

实践 锁定一群人、一类人、一个地方的人

锁定了用户之后，还不要高兴得太早，更不要天真地以为你可以把产品卖给所有人。世界上所有的产品，都是满足一部分人的需求。世界上不存在满足所有人需求的产品。所以，我们不可能满足所有顾客的需求，也不能满足顾客的所有需求，我们能做的就是聚焦目标客户的核心需求，比竞争对手提供更有价值的产品和服务，我们才有可能获胜。

一个产品之所以会出现，是因为有一部分人提出了这样的需求，所以就开发出一款产品来满足需求。当然，这个产品往往是小众的，不能满足所有人或者是大部分人的需求。如果这是一款十分成功的产品，那么周边的一些人也会觉得挺好用，然后就会慢慢地用起来。随着用户越来越多，产品也要不断升级，以便满足更多人的需求。如果一切顺利，这款产品可能会满足绝大多数人的需求，也就是成了脍炙人口、广泛传播的产品。

● 多则惑，少则得——企业永远只为一小部分人服务

你必须要服务一群人或者一类人，或是一个地方的人——AD钙奶，孩子爱喝是天性，它卖给的是孩子；元气森林，健康0糖0卡等都是卖给一群人、一类人。企业只能为一小部分人服务，因为商业本身是满足用户的需求。你服务的人太多，怎么能满足所有人的需求？我们只要把一群人服务好就够了！

不同的市场，服务的人群不一样，方法也就不一样。今天，我们的市场

主要分为两种：

第一种，存量市场——掠夺（干掉）模式。

例如，小米进入的是存量市场，用的是掠夺模式，服务的是一群人。再比如腾讯，别人出了一个联众棋牌，腾讯出了一个QQ棋牌；别人出了一个开心农场，腾讯直接出了一个QQ农场。

第二种，增量市场——满足模式。

例如，理想进入的是增量市场，用的就是满足模式，它必须满足家庭用户的使用需求。

基于这两种市场，我们就可以进一步精准锁定用户群体。首先，将用户分为三大类：

1. 一群人（小米是要卖给一群人）；

2. 一类人（闪亮柚专门卖给近视孩子的家长，巴奴火锅卖给喜欢吃毛肚的人，海底捞专门卖给喜欢服务的人）；

3. 一个地方的人（王老吉就是卖给一个地方的人）。

总之，市场需要细分，用户需要精准，对手需要区隔。

那么，如果你的生意已经做了一段时间，怎么精准地找到用户呢？

1. 回看老客户

分析你的老客户，根据消费金额和消费频次对他们进行划分并进行画像，找到一群人、一类人、一个地方的人，看看自己在哪一群人做得最好，看看自己究竟在哪一类人做得最好，看看自己在哪一个地方做得最好。

2. 寻找老渠道

观察自己之前是在什么渠道里将产品卖给谁，然后再去找到一群人、一类人、一个地方的人，锁定对手和战场，然后找到靶心，开始进攻！

第二部
洞察—核心需求

问题回顾：用户为什么买？

我在电商平台买东西有一个感觉，商家对用户重视，服务相对较好，因为互联网公司只有用户。闪亮柚本质也是一样，本质是为用户服务。但是光服务用户还不行，几年前，春兰的多元化是以提升自己的业绩为中心，结果销路不畅，反观小米的多元化是以满足用户的需求为中心。

比如曾有用户向雷军反映说，现在市面上的插线板都太丑了。于是雷军重新做了一个插线板；小米还推出了一款彩虹电池，有价值还有颜值，逼迫公牛不断去改革。因为小米，中国的电子业越来越漂亮，越来越智能化。雷军说他希望成为中国制造业的鲶鱼，通过鲶鱼效应推动中国的产业发展。所以，满足用户的需求是亘古不变的商业铁律，也是创业者必须坚守的常识。用户并不在乎你是单一或多元，而在于你这里是否有他们真正需要的产品。

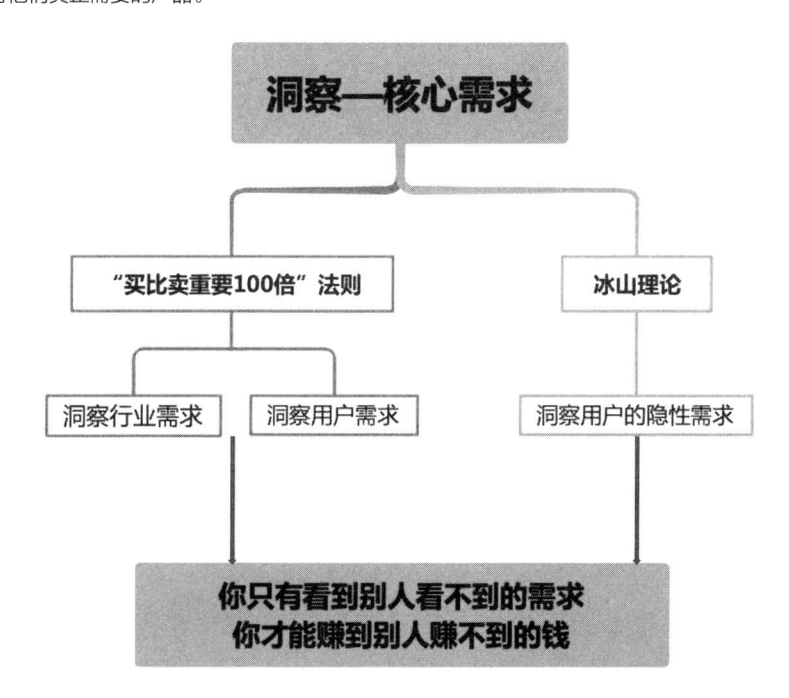

```
                    洞察—核心需求
                          │
          ┌───────────────┴───────────────┐
    "买比卖重要100倍" 法则              冰山理论
          │                               │
    ┌─────┴─────┐                         │
 洞察行业需求  洞察用户需求           洞察用户的隐性需求
          │
   你只有看到别人看不到的需求
   你才能赚到别人赚不到的钱
```

> **法则** "买比卖重要 100 倍"

在第二问中，我们找出了用户为什么买这个问题。其实，过去我们都在研究卖，几乎没有研究过买。

据我观察，很多老板做生意，一旦规模做大了一点，就开始远离用户，再也不和用户打交道了，因为对他来说已经没有当初的销售压力了，殊不知，买比卖重要100倍。

如果你都不在意你的用户了，你还能洞察到他们的核心需求吗？

● **未来的老板应是用户研究专家**

蔚来汽车市值4000亿，许多老板不服气，认为李斌的背后有强大的金主爸爸在撑腰。要知道，如果给你几个亿，你不懂得去运用，迟早会败光。你可能不知道的是，李斌还有N个车主社群，李斌能够看到、听到社群里所有车主的真实建议。这样一来，他就离用户最本质的需求最近并懂得如何去优化和改进自己的汽车。正如华为说，要把指挥权交给能听得见枪炮的人，谁是能听得见枪炮的人？很显然，是那些每天在前线的，最了解用户、了解市场的人。

所以，要想解决用户为什么买这个问题，首先你必须要深入研究用户，你只有看到别人看不到的需求，你才能赚到别人赚不到的钱。

开篇我们就讲商战思维，我们在开打之前一定要先搞明白对手。同理，经营企业、做生意最怕没有需求和市场。因此，我们一是要洞察行业需求，二是要洞察用户需求。

第一，洞察行业需求。

在前文我们提到，如果你所在的行业是有价值的，那么用户自然会为你而来。

股神巴菲特有一句名言："人生就像滚雪球，最重要之事是发现湿雪和长长的山坡。"——这也是巴菲特最著名的"长坡厚雪"理论。他用滚雪球比喻通过复利的长期作用实现巨大财富的积累，雪很湿，比喻年收益率很高；坡很长，比喻复利增值的时间很长。巴菲特认为，如果想在股市中进行财富滚雪球，那么你所投资的企业，必须也具备长长的坡和厚厚的雪。

洞察行业需求也是一样，你一定要进入一个长坡厚雪的赛道。小米、美团、微信诞生以后，短信、电话、彩铃业务几乎全军覆没；而支付宝火了之后，我们也很少再携带现金。可见，我们一定要找一个"长坡厚雪"的赛道去打。支付宝用8年时间在中国绑定了4亿张银行卡，但微信在春晚那一夜，通过"红包""摇一摇"等形式，可以说一夜之间就完成了这项工作。

第二，洞察用户需求。

干掉对手不是最终目的，我们最终的目的是留住用户。所以，不仅要精准锁定用户，还要深挖用户的核心需求。

小米的生态产业链其实是卖给"米粉"（"米粉"就是他的精准用户）。为什么"米粉"会成为忠实用户？因为小米彻底征服了用户。无论是在品质、价格方面都赢得了用户巨大的信任，最后用户变成了忠实粉丝，于是不断帮助粉丝做产品——"米粉"需要什么小米就生产什么，不是小米要做电视机、冰箱，而是"米粉"需要，于是不断有"米粉"成了老用户，小米不断地服务好老用户，就这样循环往复，形成了小米的健康生态。

在未来，有粉丝且能不断满足用户需求的企业，就是那些能够活下来并且活得好的逍遥自在的企业。也只有这样的企业，才有机会与用户建立一生一世的朋友关系，因为别人无法轻易抢走你的用户，就不能轻易把你干掉！

落地 运用冰山理论洞察用户的隐性需求

如果有一天，你的朋友突然问你："你看我穿这件衣服怎么样？"你会如何回答？

还记得第二问中，我们分析过的洞察需求就是洞察人性吗？人性决定了我们都渴望得到他人的肯定与赞美。所以，这个问题的背后，其实是你的朋友希望获得赞美而不是想要听你说"这衣服不怎么好看""这件跟你不配"等评价。即便这评价是很有建设性的，朋友也未必喜欢听。

可见，用户需求只是表象。一个人表面的需求下面往往隐藏着更多的隐性需求。甚至连用户自己都不知道自己的隐性需求，这就需要我们不断地洞察和挖掘。如果说找到了用户的需求，让你有幸活了下来，但充其量只是活下来，如果你想要活得更好、更久，就要不断破译潜藏在"冰山"下面的隐性需求。

● 洞察更多隐性需求，提供超预期的产品、服务和体验

需求按照显露程度，可分为显性需求与隐性需求。显性需求是指用户能够清楚描述的、可以主动提出的需求。比如，用户会说我想要一部通话质量更好、音质更好、拍照更好的手机，我想要一部更省油、更安静、启动速度更快的汽车。

隐性需求是指用户没有直接提出、不能直接讲清楚的需求。比如，用户在功能机时代，不会主动说我要一部能上网的触屏智能手机，但用户是有这

个潜在需求的，用户会追求一切更便捷、更丰富、更强大的新产品。

再比如，用户努力攒钱，分期买了辆入门奔驰，他会讲奔驰车子好、品牌好，但他很少会讲开大奔出去，看起来风光有面子。但其实他对车子的配置根本不懂，最主要是觉得开奔驰能让人高看一眼。

可见，需求像座冰山，露出水面的1/7是显性需求，藏在水下的6/7是隐性需求。很多时候显性需求并非用户的真实需求，用户没有讲出的隐性需求才是真正的需求。（详见图3-4）

图3-4　冰山理论

有一家网络书店的客服接到一位客户的投诉说，"我买的图书有破损页面，我要退货"。试想，如果你是这名客服人员你应该怎么做？

第一，直接退货。

第二，查清楚破损原因，确定清楚责任后再视情况处理。

选一还是选二呢？这名客服都没选，而是问了客户一个问题"这本书是您自己用，还是送人？如果是您自己用，在不影响阅读的情况下，我们可以给您补偿10元的红包。如果是送人，我们愿意免费给您寄出一本新的"。最后，用户并没有退货，而是接受了10元红包补偿。

从这个案例可以看出，用户的真实需求并非退货，而是希望得到商家的重视和安抚。退货是用户提出来的显性需求，而得到重视和安抚是用户的隐性需求。这也是用户为什么会买的本质——冰山上面的需求我们都看得见，都看得见的只不过是同质化的需求罢了，我们要看到冰山下面的需求，才能不断给用户惊喜。

那么，如何才能洞察到那藏在水下的6/7的隐性需求？

最根本的还是要站在用户角度，发现用户所遭遇的潜在问题和麻烦，从问题和麻烦出发，就可以还原出用户潜在的隐性需求。

具体思路有以下三点：

第一，还原用户的使用过程及细节。

史玉柱的脑白金算得上是中国保健品史上最成功的产品之一，史玉柱在《史玉柱，我的营销心得》一书中回忆脑白金策划过程时这样总结："营销前要彻底了解你的用户需求。这个需求是心理需求，而不是表面需求，要下一些功夫才能发掘出这个需求来。"

比如当时脑白金的用户是中老年人，为了完全弄清他们的心理消费需求，史玉柱去公园跟他们聊天，结果发现他们想要这个产品，但他们自己舍不得花钱买，他们期待子女给他们买，这样史玉柱就发现，原来广告的对象不是这些老年人，而是他们的孩子，脑白金的广告就要做给愿意花钱的儿女们看，而儿女们也就是回家看望父母时需要给他们买些礼物，所以"送礼就送脑白金"应运而生。

类似的典型案例还有美图秀秀，美图秀秀的前身是美图大师，只是一个滤镜软件，是Photoshop的模仿品，只是操作上更简单化。真正让美图秀秀爆发的是他们发现很多女孩子用美图秀秀修她们的脸，让自己看起来更漂亮。洞察到这一隐性需求后，美图推出了美颜功能，这一功能受到女性群体的热烈追捧，美图秀秀下载量快速攀升。

第二，洞察现有用户对产品有哪些不满。

你的现有用户是对你的产品最为了解的群体，产品哪些地方好，哪些地方不好，哪些地方他们特别不满意？这些重要信息，你的客户是最了解的！通过对他们的调研（线上线下问卷、小组焦点访谈、一对一聊天访谈等调研方式都可以），可以有效发现隐性的需求。

拿我自己平常办公时用的产品遇到的问题来举例，Thinkpad笔记本在屏幕息屏后唤醒时间慢，我按过唤醒键后，需要等待5秒以上，而且过程中没有任何提示，我等得心焦，会怀疑屏幕究竟有没有被唤醒；在文档中输入时，按下大写锁定键，一个大大的锁定键字母A会出现在屏幕下方正中间，会遮挡住文档一部分，经常会影响正常输入。如果这款产品能有所改进，我的满意度会提升。否则，我会换用其他品牌同类产品。

第三，洞察你的老用户为什么不理你了。

用户选择某个品牌的产品，是投入时间精力金钱筛选后作出的选择，是付出了不小的成本的，一般情况下大多数用户是不愿意再折腾换其他品牌的。但现实是很多品牌的老用户流失率很大，老用户流失有很大原因是因为用户隐性的真实需求没得到满足，或者用户的要求改变了，而我们没有及时发现。

在我们家小区附近，有一家休闲书吧，可以在里面看书，谈公事，办公，喝茶喝咖啡，开业第一年生意还不错，也发展出了不少会员老用户。可一年后，来的客人却越来越少，生意越来越冷清。老板想了不少办法，提高饮品及食品的品质及分量，并调低价格，更换更有品质的桌椅，采用全程微笑服务等。可这些都没什么用，生意依然一天不如一天。

老板百思不得其解就调取了会员信息库，做了用户调研。问他们为什么不愿意来了，后来才从用户口中得知，在距离居民区比它远1公里的地方，新开了一家书吧。而他们去那边的原因，并不是因为对书吧环境、饮品食品品质等不满意，而仅仅是因为新开的那家书吧是早上九点开门营业，而他们家书吧是十一点才开始营业。

而在工作日去书吧一坐一整天的人，有很多是自由职业者或刚开始创业的草根创业者，他们需要像正常上班一样，九点就开始工作。

看来以前用户之所以选你，可能是因为在行业里还没有出现你的竞争对手，用户根本没得选，只能去买你的产品。可是一旦有比你更好的产品或服务诞生，就算购买的地点稍远了一些，用户也愿意随之而去。

实践 父母为什么给孩子购买近视防控这项服务？

根据前面的法则和冰山理论，我们来简要分析中国的父母为什么愿意给孩子购买近视防控这项服务，从而进一步论证"用户为什么会买"这个问题。

● **用户为什么会买近视防控服务？**

第一，可以预防近视。

第二，可以控制孩子近视度数的升高。

第三，可以提升孩子的裸眼视力。

我们曾做过一项用户调研，数据显示：小学生近视率36%，中学生近视率71%，高中生81%，大学生90%。两会期间一个校长曾说，2020年，高一新生893个人，戴眼镜的就有774人。而根据世卫组织报告，我国近视人数已经达到6个亿。青少年儿童近视率高居世界第一，如果不提前预防，那么90%的孩子都会近视。

然而，我们发现，现在很多家长依然很无知，孩子每长高十厘米，他的眼轴就会增加一毫米。眼轴每增加1毫米，近视度数就会增长300度。如果一个孩子9岁时近视度数是100度，一年增加50度，那么等到高中毕业就增加到了550度。而你会发现，孩子的眼镜厚度越来越厚，因为近视是不可逆的，除非人为控制和干预。

可见，不提升视力会直接影响孩子的学业。毕竟，高考有超过48个专业对视力都有明确的规定。最关键的是，孩子一旦近视，由于看不清黑板，只能佩戴眼镜。或许刚配眼镜时能看清，但随着近视度数的增长，会越来越模糊，直到看不清，只能再换一副镜片。

第一，戴眼镜预防不了孩子的近视，更无法从根本上解决问题，一旦佩戴眼镜就是一辈子的事。

第二，孩子验光发现眼轴变长，不少家长给孩子选择通过角膜塑形镜的挤压让眼睛回缩，就相当于女人裹脚一样，控制眼轴的增长。可市面上一副角膜塑形镜1万多元只能用一年半，同样是治标不治本，只能控制，消费太高。不仅如此，孩子在夜晚长期佩戴眼镜，眼睛很容易感染。

第三，为了根治，还有一部分家长给孩子选择了激光手术，但却有后遗症等并发症的风险。

第四，回到最原始的视力保健，效果差，价格贵，店面形象也比较差，孩子不愿意去，根本坚持不了几个疗程。

基于这个现状，我们进一步洞察用户隐性的需求。为用户研发了一套预防近视、控制视力度数、提升裸眼视力的整体解决方案。

1885年，世界著名的眼科学家威廉·贝茨发现，视力问题是由眼球紧张导致的，通过调节眼球晶状体改变形状，用放松眼球的方法可以使屈光综合征消失，从而摘掉眼镜，恢复视力。通过贝茨理论，我们得知，晶状体变形后通过训练睫状肌的弹性来恢复晶状体的弹力，从而提升你的裸眼视力，这套理论早在137年前得到证实。就好比一个胖子最安全的减肥方法是运动，所以在长达137年中贝茨训练法帮助很多人恢复了视力。但由于每天要训练半个小时，让眼睛聚焦，大部分孩子坚持不下来，导致这个方法并没有普及。

为了让有效的方法继续延续下去，让孩子能够更轻松地进行视力提升训练，我们沿着这个思维去研发产品——源于贝茨，基于科技，成于智能，基于贝茨理论和科技创新，通过智能化控制双镜片移动，对孩子的眼球进行动焦训练，从而提升孩子的裸眼视力。一次训练15分钟，大大缩短了训练的时间。紧接着，我们用了三年时间，通过3万个有效的案例证实了这种训练的有效性，这就是父母愿意给孩子购买我们这个品牌的真正意愿。

找到用户需求不算终点，强化你推荐的产品能够满足用户的显性和隐性需求才是关键。隐性需求是处于无法表述或尚未明确的潜意识中，具有不明显性、延续性、依赖性与互补性、转化性等特征，显性需求的答案是一个明确的标准答案，然而往往隐性需求才是用户真正想要的答案。

第三部

价值——非买不可

问题回顾：用户为什么非买你的不可？

在第三问中，我们讲到，所有的产品都应围绕一件事，就是为购买提供充足的理由。这个购买理由可以是功能诉求、情感诉求、文化诉求等。找到了非买不可的理由，就知道用户为什么愿意买单。这个理由你想不想得清楚，就决定了后面你说不说得明白。购买理由不是知识，不需要给消费者灌输知识，说到底，要想与竞争对手的品牌进行有效区隔，就要为用户提供独一无二的价值。

在任何一个领域中，大部分资源都被排名前几位的组织或者个人所占有，而且越是排名靠前，占有资源的比重就越大。通常，第一名与第二名的差距，会远大于第二名与第三名的差距，而第二名与第三名的差距又远大于第三名与第四名的差距，以此类推。"第一胜过更好"是现实，也是我们应努力抵达的目标。

```
                    价值——非买不可
                    ┌──────┴──────┐
            "第一胜过更好"法则      聚焦，聚焦，再聚焦
            ┌──────┴──────┐              │
      抢占行业头部位置   力争第一        持续输出价值
            └──────┬──────┘              │
                   └──────────┬──────────┘
                    创造价值是企业永恒的追求
                    也是品牌发展的活力之源
```

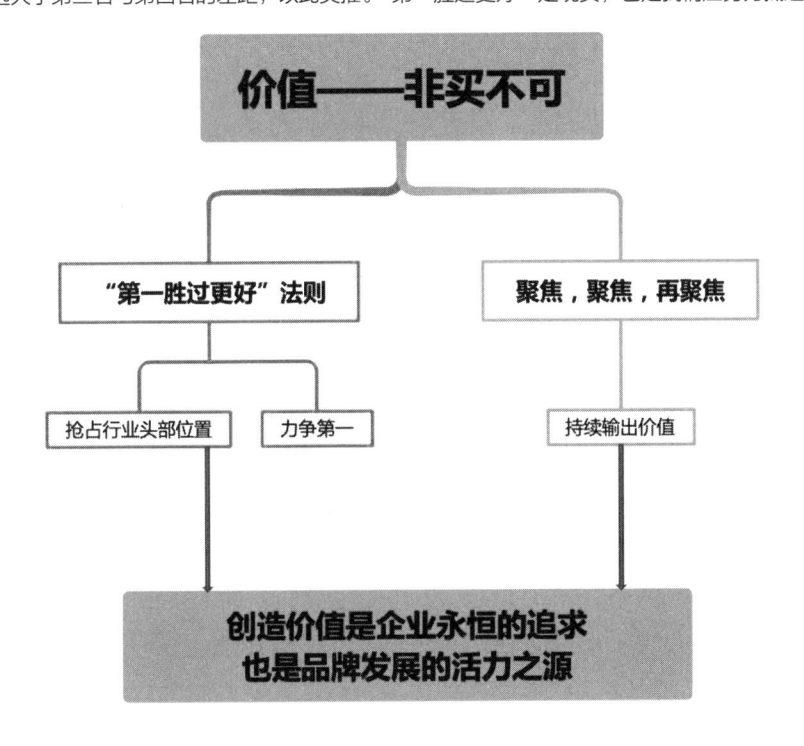

法则 "第一胜过更好"

作为消费者，用户的心智空间是非常有限的，一个产品他只能记住一个最主要的功能，同一个功能的产品，对排名第一的印象最为深刻。所以，做品牌要么争做唯一，要么就做第一。然而，把自己的产品做成家喻户晓的品牌，只是大多数老板一生的夙愿，却难以实现。

1897年，意大利经济学家帕雷托在19世纪英国人的财富与收益模式的调查取样当中，发现了一个规律：大部分的财富和社会影响力，都来自占总人口20%的上层社会精英，并因此提出了一个社会学概念，叫作帕累托法则，又叫80/20法则。后来他还发现，几乎所有的经济活动都服从帕雷托法则，呈现出一种幂律分布。

简单来说就是，在任何一个领域中，大部分资源都被排名前几位的组织或者个人所占有，而且越是排名靠前，占有资源的比重就越大。通常，第一名与第二名的差距，会远大于第二名与第三名的差距，而第二名与第三名的差距又远大于第三名与第四名的差距，以此类推。在销售当中，最能体现帕雷托法则的，就是品牌的"第一胜过更好"法则——对于同一类产品或者服务，在用户的心里通常只能容纳1～2个头部品牌，当用户的心智空间一旦被某个品牌所占据，其他品牌就很难再挤进来了。据统计，排名第一的品牌至少能吸引40%的注意力，第二名大概是20%，第三名不到10%，剩下的总共占30%。

正如"先入为主"这个成语一样，人们总是受第一个人的影响比较大，而对于第二个的进入，人们就会很难付出同样多的精力去关注它。因此，我们要想在用户心目中留下深刻的印象，最好的办法就是努力争做第一，然后为用户提供不可替代的、独一无二的价值。

● 抢占行业头部位置，力争第一

当你爱上一个人之后，其他人再怎么向你献殷勤，你也很难动心；早上醒来打开的第一个手机APP，一定是微信或者抖音；想查个什么东西，第一反应就是上网"百度"一下，尽管搜狗和360的搜索引擎做得也不错，但你却很少使用；世界上能叫得上名字的高峰，永远是珠穆朗玛峰，虽然排名第二的乔戈里峰只矮了233米，也仍然难以在人们的记忆中占有一席之地。这就是为什么行业排名第一的企业所生产的产品很容易获得用户的认可，而一个不知名的公司生产的同类产品即使质量更好、价格更便宜，用户也不买账的原因。

在市场中，最后被铭记的往往只是第一名，想给用户留下最深刻的印象，就要抢占行业第一名的位置，在竞争中取得主动地位。例如，店面数量第一、销量第一、占有率第一、专利数第一，等等。

1．"第一销量"及行业内做某事"第一人"

有时我们仅仅只是需要换个角度去演绎产品，例如，透过某一季度的数据报告，让你的品牌，或者其中的某个单品创造"销量第一"的记录。海尔在最初发展时，整体业绩表现并不理想，但是他抓住了冰箱"出口销售量第一"这个点进行宣传。与此同时，张瑞敏成了当时"砸冰箱"的"第一人"。如此一来，消费者认为海尔制造的产品，质量是最有保障的。

2. "第一个入场"

市场上的消费品只有你想不到的，各种品类应有尽有。如果想以新产品"第一个进入"难上加难，但是你可以改变入场的方式。例如，以独立的品类进入一个市场。

3. "第一个提出"

如果你可以做到"第一个提出"（例如，某个新概念、新理念），那么也会让人眼前一亮。例如，某地板就第一个提出了"运动型地板"口号，于是吸引了众多用户的眼光，通过制造品牌差异化让用户关注你也不失为一种良策。

在很多场合里，我都听很多老板提出过这样的口号："我们要打造某行业第一品牌！"但是一句口号并不代表真正落地。"第一胜过更好"除了老板有"成为第一"的内心驱动，成为第一品牌的根本动力。除此之外，更需要的是老板的审慎和冷静。因为"成为第一"并不意味着我们就要去做自不量力的事情，而是根据自己的实际情况尽最大努力，如果动不动就是"某行业第一品牌"，这样也许会输得很惨，更无法令人信服！

落地 聚焦，聚焦，再聚焦

既然成为第一不是件容易的事，那我们就要聚焦用户，聚焦产品，聚焦价值。

在传统消费市场，企业生产什么，用户就消费什么，产品价值不聚焦，用户的注意力也不集中。今天他可以喜欢你，明天他也可以选择其他新品。到了今天，用户对产品与服务提出了更多的考量，他们关注产品的价值点更加聚焦，这决定了你的产品在市场中能够延伸和触达的范围。

举个例子，当你不断挖掘产品的价值：

如果是1米深，那么你的产品至少要满足一个特定的价值需求——你必须要专注。

基于用户越来越关注个人的价值需求，产品创意与服务创新，就更要为某个特定群体提供个性化的价值满足，否则就不会太受欢迎。正如我们在第一部提出的，把产品只卖给"一类人"问题就变得更简单了，针对这一个特定受众的对象，搞明白什么可以做，什么不可以做。找到要做什么的这个点，然后聚焦这个"单点"去集中发力，打造一个细分的品类。

如果是1000米深，那么你的产品至少要力争做到行业第一——极致的产品更有价值。

未来，在产品同质化的市场，品牌必定相互竞争，而产品差异化相得益彰，产品有非常鲜明的差异化，并打动精准受众，是一个有竞争力的产品必须要考虑的。

在粗糙的物质年代，企业提供的产品品类越多越全，就越能做强做大。而如今，在产品线方面把"一米"的宽度，做成"十公里"的深度，才叫专业，要把一个行业做精，做透，做深，做到极致，最终获取定价资格，做精做强。

如果是10000米深，那么你就要用结果说话，确保业绩行业第一——形成行业口碑，创造更大价值。

除了不断检视内部的资源优势，专注自身长板，发挥自身特长，在这个领域做深做透，努力做到行业第一。产品还要能提供很好的用户体验，形成"无形溢价"，让用户快乐地去体验消费的过程，形成口碑效应。

● 聚焦三个维度，创造新品类/新品牌/新价值

随着时代的发展，每个新消费场景都在催生着用户更加聚焦的需求，而这些需求也不断倒逼着企业专注产品研发与创新，不断为用户创造价值。

对于企业来说，可以从以下几个方面来寻求聚焦，寻找机会。

第一，创造新品类。

市场竞争与其说是品牌之争，不如说是品类之争。想要做一个成功的品牌，首先第一步在无人地带降落开创自己的新品类。

江小白——传统酒类领域颠覆者，创建新酒饮赛道，开创青春小酒品类；

喜茶——创建新茶饮赛道，开创中国新茶饮的时代；

元气森林——卡位无糖碳酸饮料赛道，抢先占据气泡水品类专家、领导者身份；

莫小仙、自嗨锅、食族人——自热食品赛道，方便火锅品类；

王饱饱——入局谷物代餐市场，瞄准传统领域的空白品类，开创健康麦片新品类……

通过专注品类撬动市场的例子还有很多，比如轩妈专注于蛋黄酥，空刻专注于意大利面，信良记专做小龙虾，好欢螺立身于螺蛳粉，炎亭渔夫聚焦海味零食，他们都在各自的赛道上，取得了不俗的成绩。尤其是当我们的财力人力有限，应该集中兵力，阶段性选好1个品类进行饱和攻击，通过一个高势能品类的产品去建立一个信任锚点，然后基于功能和场景去做产品品类的拓展。

第二，创造新品牌。

在品类分化快速细分的时代，"品类第一"意味着领域里的"首创品牌"，它更容易成为该品类的代名词，用户早已习惯用品类来思考需求，用品牌来表达结果，就像我们购买矿泉水时，第一个联想到的品牌自然是农夫山泉。所以，如果你不能第一个进入某个品类，那么就创造一个品牌使自己成为"占位者"；如果你不是那个真正的"第一"，就需要动用技巧，造成用户在认知错觉上的"领先"地位。

例如，取一个好的品牌名，一个好的品牌名可以降低一半的营销成本。我们来看一下新消费品牌的品牌名：元气森林、喜茶、江小白、莫小仙、自嗨锅、食族人等。再如，创造一条好记的广告语，用高颜值打动用户。譬如现在有些新品牌，在产品的研发阶段，就已经考虑到如何进行之后的线上推广，如直播时主播镜头下面的呈现，开箱的仪式感、包裹的设计、包裹卡的类型、赠品的数量、产品的差异化卖点和品牌故事，一气呵成。

第三，创造新价值。

激烈的市场竞争引发了严重的同质化，唯有不断聚焦，在某些方面做到极致，创造出新的价值，才能形成与竞争对手差异化的特色，给用户一个非你不可的理由。

1. 在原料方面创造价值

依云矿泉水是世界上最昂贵的矿泉水，据说每滴依云矿泉水都来自阿尔卑斯山头的千年积雪，然后经过15年缓慢渗透，由天然过滤和冰川沙层的矿化而最终形成。大自然赋予的绝世脱俗的尊贵，加之成功治愈患病侯爵的传奇故事，依云水成为纯净、生命和典雅的象征，以10倍于普通瓶装水的奢侈价格来销售。

国内的农夫山泉买断了浙江千岛湖20年的独家开发权之后，发动了针对纯净水的舆论战。广告词"农夫山泉有点甜"带有明显的心理暗示意味，为什么甜？因为是天然矿泉水，因为含有多种微量元素，所以在味道上不同于其他水。又如蒙牛、伊利很多广告将来自大草原的优质奶源作为价值卖点。

2. 在设计方面创造价值

苹果公司的产品一向以设计见长，随着iMac台式电脑、iPod音乐播放器、iPhone手机、iPad上网本，一个个让人耳目一新的产品冲击着用户的心理防线，将苹果品牌变身为时尚与品位的先锋。

3. 在制作工艺方面创造价值

为了形成与美式快餐完全不同的品牌定位，真功夫打出了"坚决不做油炸食品"的大旗，一举击中洋快餐的"烤、炸"工艺对健康不利的软肋。同样地，在环境危机日益加重、人们健康意识不断提升的情况下，乐百氏纯净水"27层净化"的传播口号，能给焦虑的人们带来稍许安全感。

4. 在功能方面创造价值

顾客选购商品是希望具有所期望的某种功效，如洗发水中飘柔的承诺是"柔顺"，海飞丝是"去头屑"，潘婷是"健康亮泽"，舒肤佳强调"有效去除细菌"，沃尔沃汽车定位于"安全"。王老吉原本是区域性的中药凉茶，在香港加多宝的运作之下，淡化其成分，凸显其功能，从而创造出一个新品类——预防上火的饮料！"上火"是人们可以真实感知的一种亚健康状态，"降火"的市场需求日益庞大。而凉茶的"预防上火"和"降火"功效，是与其他饮料相比的核心优势，因此重新定位之后的王老吉畅销全国。还有比如红牛的补充能量定位、脑白金的礼品定位等，都是直接从用途上与竞争对手差异化。

5. 在服务方面创造价值

海底捞认为，用户的需求五花八门，仅仅用流程和制度培训出来的服务员最多只能及格。因此提升服务水准的关键不是培训，而是创造让员工愿意留下的工作环境。和谐友爱的企业文化让员工有了归属感，从而变被动工作为主动工作，变"要我干"为"我要干"，让每个顾客从进门到离开都能够真切体会到其"五星"级的细节服务。因此海底捞更注重培训和员工福利，重视构建团队及伙伴关系，以此提高服务水准。

除了上述几个方面，仅仅选择了差异化因素是不够的，还必须检讨这些要素能否真正为我们聚焦的用户创造价值，从而成为吸引其购买的卖点。

对于用户来说，脑子里永远都只有两个问题：

你对我有什么用？（价值）
你和别人又有什么不一样？（差异化）

解决"你对我有什么用"这个问题并不难，难的是解决产品之间的差异化问题。为什么要喝矿泉水？因为我渴了；那为什么非要喝农夫山泉呢？因为听说它有点甜，因为它更加天然。这就是农夫山泉和别的矿泉水的差异点了。

无论是可触的产品，还是无形的项目、服务，一切可以称之为商品的产品都有着三层循序渐进的价值维度：功能价值——情感价值——精神价值。

第一，功能价值。

什么是功能价值？简单举例来说：你口渴了，你进超市买了瓶水，你获得了满足不再口渴，那么"解渴"就是产品的功能性价值了。

试问一下，如果你口渴了，结果买了瓶辣油，即使它再辣、再香，那么它能对你产生所谓的功能价值吗？

需要警惕的是，产品的出现一定是为用户服务的，千万不要一拍脑袋觉得用户需要就开始投入到企业自我的美好幻想中去。针对功能价值，一定要找准核心点和利益点，不要活在自己的世界里！

第二，情感价值。

理想的消费者购物模式是：分析——思考——选择；而实际上，消费者的购物模式是：看见——感受——选择。

时代变化了，我们的市场环境和用户的意识也发生了天翻地覆的变化。最开始的时候，所有产品都是以产定销，顾客购买手表时只会在乎准不准而不会在乎手表是德国产还是瑞士产；而现在，用户开始注重产品的外观，注重产品本身带来的体验性了。

让产品充满了趣味性，把产品的附加值做足，用户才会对产品产生情感，愿意去选择产品、分享产品。怎么评价一个产品好不好？用户买了发不发朋友圈其实很大程度就能说明一些事情了。

需要注意的是，除了产品本身带来的情感价值之外，企业的服务态度（海底捞）、产品的包装设计、物流环节（京东）都会影响到用户的情感价值走向。

第三，精神价值。

为什么耐克一句"just do it"就能让无数粉丝为之买单？

为什么可乐会被称为"快乐水"？

为什么公司签约盛会领导拿的一定是香槟？

为什么小米一开始的用户要被称为"发烧友"？

仔细去研究所有成功的品牌，你会发现他们一般都在用户的生活中扮演着一个特定的角色。他们借由一种观念、精神、人设，活在了客户的心里。

买衣服是不是一定要选品牌呢？人人都穿着同种品牌的衣服看起来会不会很无聊？对于品牌束缚的厌恶感，对于生活、个性的自我追求造就了MUJI（无印良品），主打个性化、简洁、自然、性价比的无印良品，在很多年轻人眼里成了展示自我、不从流的一种精神。有趣的是，这种不想被品牌束缚的精神恰恰又造就了这个新的品牌！

对于用户而言，普普通通的消费购物已经不再只是为了获取功能性上的满足那么简单了。用产品去表达自己的个性，用产品投射自己的生活态度才是潜意识里想做的！其实，任何产品，当它在被人消费的时候，用户的行为就会给予这些产品特定的意义，而这也构成了产品的一部分。将产品从最初的功能性价值转变成精神价值是企业真正需要去聚焦的。

实践 持续输出价值的巴奴毛肚火锅

价值投资分析专家帕特·多尔西在其著作《巴菲特的护城河》中提出了一个观点，即企业要以用户为中心，在此基础上去理解消费者和市场的需求变化，用最高效的方式和最低的成本持续创新和提升创造价值的能力。

毫不夸张地说，任何行业的模仿产品，如果始终没有自己的硬核本领——价值，那么最终都将无情地被占有主导性优势的领导品牌甩在其后。你以为的拼命努力、销售效率，在这些企业面前根本不值一提，因为它们所创造的价值超出了我们的想象，也超出了用户的预期。给用户一个非买不可的理由、持续输出品牌价值是我们每个人要不断学习的一门重要课程。

一提到火锅，我们总能想起海底捞。如果让你再创立一个火锅品牌你会怎么做？如果你要去学习海底捞，那恐怕你真的是学不会了！不妨来看看巴奴是怎么做的吧。

● 守住产品的"根"，开出价值的"花"

巴奴毛肚火锅，经过二十多年的稳扎稳打，有了今天的品牌与口碑；看似营销的招式，实则是价值的外显。一家比海底捞还贵的火锅连锁品牌正在市场上崭露头角！

第一，始终坚持对"自我价值"的探寻。

巴奴毛肚火锅的使命是为用户创造超预期的价值，这不仅是巴奴毛肚火锅的价值主张，也是巴奴毛肚火锅创始人杜中兵自己的价值实现。他认为，既然要破立而生，就要做一份受尊敬、有价值的事业。这一点体现了巴奴火锅的价值主张，同时也是发展过程中的增长内驱力。

在大众消费领域，杜中兵个人非常喜欢火锅，对食物有极强的敏感度，身边的朋友和家人都在他的影响下慢慢爱上吃火锅。杜中兵开始研究火锅市场，发现火锅标准化程度高、掠夺性强，容易让人喜欢并爱上火锅，且顾客与商家之间是平等的价值实现关系。2001年，第一家巴奴毛肚火锅就这样诞生了。

第二，谋定而后动，坚守初心打磨极致单品。

巴奴毛肚火锅进入餐饮市场初期，直接就定位火锅高端市场，当初业界并不看好。为何后来能取得成功？这源于创始人当时的三点判断：

1. 中国餐饮文化会越来越受关注，其中火锅会是接受度最高的品类，因为它的标准化程度最高、兼容性最强。所以，火锅行业是一个可以长期深耕的行业。

2. 中国的消费成长的发展趋势，未来中国的整体消费水平一定是稳步提高的。

3. 餐饮市场的高端市场因为海底捞的存在，反而没有其他品牌进入。

现在看来，当时的预测是非常有前瞻性的。这完全是掌握了《孙子兵法》的精髓："谋定而后动，未战而先胜。"

而巴奴的高端化定位，决定了巴奴只能走高客单价模式。因为要做极致的产品，需要在供应链端投入大量的人力、物力和财力，最终挑选出最鲜美的食材，以及建设中央厨房。杜中兵说，做火锅的初期就做了一个重要的决策，就是坚决杜绝火锅餐桌上的火碱制的菜品，对人体有害的，他坚决不用，他要做一个家人爱吃的火锅。

餐饮行业的进入门槛不高，但长期做餐饮行业的门槛很高。因为想要做一家百年餐饮品牌，不仅要资金准备充足以应对各种风险，而且要经受住市场的诱惑和考验，坚守做好火锅的初心，才能够长期为用户创造价值以吸引客户养成消费习惯。

第三，坚持产品主义，与用户建立信任关系。

"服务不是巴奴的特色，毛肚和菌汤才是！"——这不只是一家火锅品牌的Slogan，更是它的价值所在，是对用户的一个承诺！

产品主义主要来自你的产品是你为用户服务，创造价值的，这样才有意义。万物归一，或者说一切回归原点，也叫原点思维。你回归到原点的时候，你的产品的价值是什么？你会不会为提供产品和服务这件事付出？

总体来说，分三个层面：

1. 你要干一件什么事儿？是什么产品？
2. 你愿不愿意把你所有的一切倾尽所有？
3. 你想明白了，想透了，你就不摇摆了，你就非常笃定。

搞定了这三点，你就知道该怎样去打造一个有价值的产品，和用户建立信任牢固的关系。火锅起源于重庆，杜中兵是中原人，利用中原文化的阴阳之道和平衡中和原理，对应火锅的每一味料深究其效果，配出健康美味、极具养生价值的火锅汤底，还原材料的真实味道。

第四，用数字化手段赋能平台。

当好产品成为企业的价值理念时，就不是某一个环节的事，而是企业价值链的使命。好产品对于业务前台而言，是让顾客愿意来消费的顾客价值；对于业务中台来说，是要赋能前台实现顾客价值的支撑和服务；对于业务后台来说，是要与之匹配的供应链管理和监督管控体系。为了更好地提高管理效率和稳定性，巴奴毛肚火锅比较早地进入了数字化业务管理模式。包括私域运营，巴奴的数字化建设规划一直在推进中，而且全部围绕支持门店、以顾客满意为基本逻辑。巴奴数字化建设的最终目的是建立一个多平台、生态化的赋能平台，用数字化手段赋能，达成打胜仗的目标。

第五，持续为用户输出价值，相互成就。

创始人杜中兵不仅打造了一个好火锅，更打造了一所好学校，持续为用户输出价值。

首先，是基于平等的价值文化。巴奴毛肚火锅创业之初的企业文化非常鲜明：逆流而上、团结同行的纤夫精神。在巴奴，内部没有老板，只是岗位分工不同：老板踩刹车，团队踩油门；用户才是老板，如果员工不能服务好用户，用户就不会消费，员工就不能创造用户价值；用户不是靠取悦来服务的，而是靠创造的价值吸引用户、留住用户。

这种平等价值理念是驱动巴奴毛肚火锅的组织内在文化，但文化的落地是依靠人，所以巴奴毛肚火锅进一步提出：一个好火锅，一所好学校。除了服务好用户，巴奴更注重内部伙伴的培养和成长。不仅有计划、有规模地招聘大学生人才，为解决高校毕业生就业难的问题，还实施了"大学生精英管培计划"，在国家补贴标准基础上，提高见习补贴标准，以吸引更多的大学生人才。一方面是因为企业是服务创造生产力的属性需要；另一方面是服务升级的需要，希望能够牵引他们在一个正确的方向上成长，帮助他们实现更多的价值。

虽然不同时代有不同的产品，所谓的高品质的价值和外延各有不同，但是价格作为企业和用户对价值共同的追求始终不曾改变。价值是企业发展的永恒主题，也是品牌发展的活力之源！

第四部

信任——一秒破防

问题回顾：用户凭什么相信你？

消费者所有的购买行为、商业行为都是建立在信任的基础上的。

如果没有信任，那么所有的商业行为都将不复存在，因为消费者不信任你就等于不信任这个品牌，不信任这个产品，那么，就无法完成交易。

人之初，性本疑，你凭什么让用户相信？换位思考，如果你去买一款产品，对方说得天花乱坠，你就会相信产品真的值得购买吗？你当然不会轻易相信。

归根究底，其实所有消费者的放弃都是因为缺少一样东西——安全感。没有安全感，用户自然不会轻易把你带回家。而我们就是要找到能够让用户一秒破防，坚定信任你的信任状。

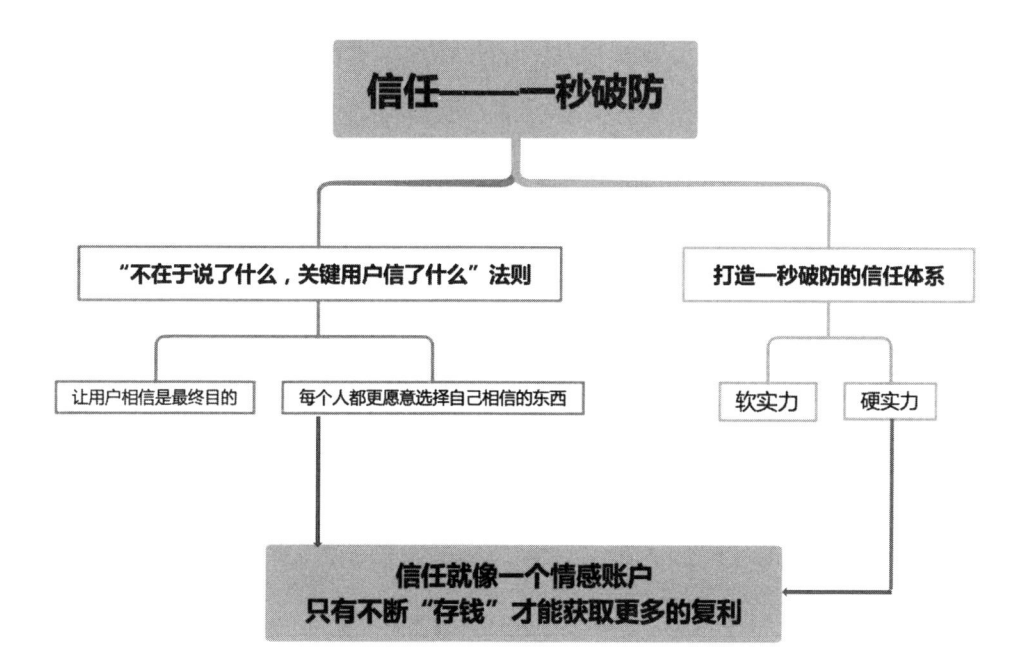

```
                    信任——一秒破防
                           │
          ┌────────────────┴────────────────┐
"不在于说了什么，关键用户信了什么"法则      打造一秒破防的信任体系
          │                                 │
    ┌─────┴─────┐                      ┌────┴────┐
让用户相信    每个人都更愿意            软实力    硬实力
是最终目的    选择自己相信的东西

         信任就像一个情感账户
      只有不断"存钱"才能获取更多的复利
```

> **法则** "不在于说了什么，关键是用户信了什么"

当产品有了可供传递给用户的价值，下一步就是要让用户相信你，这是一切成交的开始。可以说，卖产品90%的重点都在"信不信"上，剩下的10%才是"值不值"，用户信了，自然就觉得值了，不信，再好的产品，想让人购买也很难做到。这也就是有些产品为何明明宣传那么虚，卖得那么贵，却有人心甘情愿地购买，就是因为该产品解决了用户的信任问题。

● 经营企业最终的目的——让用户相信

你凭什么让用户相信？换位思考，如果你去买一款产品，对方说得天花乱坠，你就会相信产品真的值得购买吗？你当然不会轻易相信。

反观那些成功的品牌，为什么胖东来能赢？因为它赢得了全许昌人的信任；用户为什么喜欢厨邦酱油？因为它的美味鲜是"晒足一百八十天"得来的——有时只是简单的一句话，对用户来说却能一秒破防，赢得信任。

有一次，我去喝了一碗羊汤，结果我发现这家羊汤可没有那么简单。（详见图3-5）

图3-5 粉汤羊血

如图3-6所示，是店主对用户的承诺：

图3-6 店主的承诺

首先，店主放了一家四口的照片，并对用户承诺：如果羊血掺假，甘愿祸及子孙。

其次，原料追踪供应链，产品可溯源，羊血亲自采于礼泉西关回民杀羊点，李海滨处，连电话都有，只是这一条就能让用户吃得放心。

而豆腐、粉条、辣子、菜籽油均来自袁家村作坊内。此外，它的汤为原始骨头汤。同时还有袁家村村民委员会、袁家村小吃街协会、袁家村管理公司三家机构见证。

就这样,这个仅仅只有十平方米的小店,每天都是川流不息的客流,大家不惜排队等上几个钟头只为品尝这样一碗美食。

其实仔细想一想,在生活中我们在面对亲人、朋友、同事等社交关系时,信任都是达成一切共识的基础。因此,人们对品牌的看法,跟对普通人的看法,在概念上其实保持了一致。

根据国际知名公关公司爱德曼的一项调查报告显示,消费者选择品牌的考核标准中,88%的受访者选择了"信任",上升到第三位,超越了"喜爱"这一因素。

我们信任一个人,不是因为信任其某个器官、某个技能、某种思想等单一元素,而是综合起来的一种饱满形象。就像医生,生来就被民众奉为济世救人的白衣天使,对这样的形象我们很容易产生信任感,从而愿意在自己最脆弱的时候把身体交给他们。

同理,我们信任一个品牌,也不仅仅是因为品牌的logo好看、理念前卫、味道很棒,或者他们很有钱,而是综合的一种品牌形象。当这个形象为用户作出了超出产品之外的服务,达到社会价值观等意识层面的输出,就会塑造这样一种形象。如果只是卖产品,那么就是小二制造商,负责吆喝给客人上菜,没有理念价值观,也只能算作招牌,谈不上品牌。但现在消费者不吃这一套!

时下品牌众多,竞争巨大,每一个赛道都挤满了新军。与其用各种套路去套住用户,不如用好产品服务用户,这本是天经地义,不是舍弃他家选择自家的理由,如果多个品牌在同一领域做到一致,用户肯定会选择更信任的那一家。所以,获取消费者信任,是打磨产品之后,品牌应该做的重头戏!

落地 打造一秒破防的信任体系

在当下信任严重缺失的广告环境里,谁先解决了信任问题,谁就获得了竞争优势。

有一次当当做"满100减50"活动的时候，我觉得当当疯了。但再看看随处可见的各种年终大促，我又觉得，看起来比他还疯狂的商家比比皆是，比如我经常收到的"1元秒杀跑步机"……不知道大家看到这种超出想象的疯狂促销时会是什么样的感觉？

我碰到这种情况的第一反应是："啊？这么便宜？能信吗？""怎么可能这么便宜？假的吧？""就算不是假的，那是不是以次充好？是不是假冒伪劣？否则为什么那么便宜？"

也就是说，很多时候用户的第一感觉不是激动，而是质疑。当用户在问"能信不"的时候，他就已经在怀疑这个广告的真实性了。如果接下来你无法提供证据支持打破用户的质疑，让用户觉得可信，这个用户也就离开你了。

在杰克·特劳特的定位理论中，首次提出了信任状。信任状是指"公认的事实、可靠的证明"，它可以让我们的品牌变得更加可信，打造一秒破防的信任体系。

通俗地讲，信任状相当于品牌在消费者心中的"担保物品"，这种担保在用户购买时为其提供了选择该品牌的理由，进一步吸引用户关注与购买，有利于品牌在同类竞争者中脱颖而出，占领市场。

众所周知，上海迪士尼乐园是全球知名的卡通动漫品牌，自从开业以来，人们来上海旅游的行程中都多了去迪士尼一游这项。即便还没有去过的游客，听到"迪士尼"这三个字也是心向往之。这是为什么呢？

迪士尼的定位是为全世界的家庭和儿童带来梦幻般的体验。除了充满欢乐的主题乐园，它开发的一系列周边产品也畅销全球。例如，卡通电影、玩具、图书等等，无不引起人们的追捧。而这些周边产品也丰富了迪士尼这一品牌在消费者心目中的形象——这就是迪士尼品牌最可靠的信任状。

● 建立信任的工具——跑分表

几乎所有的用户在消费的过程中都有恐惧心理。要想打造一秒破防的信任体系，把信任根植于用户心中，首先要利用其有效的工具，让信任落地。

什么叫跑分？在十年前，小米有一句名言："不服跑个分"，源自小米手机的宣传口号："为了发烧而生"，而既然是发烧级的硬件配置，自然要体现在跑分上。也就是下面这两个对比图。（详见图3-7、图3-8）

手机	CPU	内存	电池	屏幕	摄像头（像素）	定价（RMB）
小米手机	双核1.5GHz	1GB	1930mAh	4.0吋 854X480	800万	?
HTC Sensation	双核1.2GHz	768MB	1520mAh	4.3吋 960×540	800万	3575（水货）
三星 Galaxy S2	双核1.2GHz	1GB	1650mAh	4.3吋 800×480	800万	4999
MOTO Atrix ME860	双核1.0GHz	1GB	1930mAh	4.0吋 960×540	500万	4298
LG Optimus 2X	双核1.0GHz	512MB	1500mAh	4.0吋 800×480	800万	2575（水货）

图3-7　小米手机的跑分表

各家安卓旗舰机型

机型	处理器	内存	屏幕（英寸）	电池容量（mAh）
三星S5	骁龙801	2G	5.1	2800
HTC One M8	骁龙801	2G	5	2600
华为P7	海思910T	2G	5	2500
小米4	骁龙801	3G	5	3080

图3-8　小米手机与其他手机的跑分对比

起初，雷军在发布新品手机时说他要做性价比之王，可什么叫"性价比之王"在用户心中并没有一个衡量的标尺。难道雷军说只赚用户5%的利润，用户就会相信吗？但是有了这个跑分表效果就不一样了。手机行业里的品牌，他们之所以在发布一款新产品时要召开发布会，目的就是通过跑分把自身的产品优势传递给用户并让用户相信。

小米通过跑分，发现发烧友真正需要的手机有四大要素——双核、大屏、信号好、大电池。很显然，在发布会上讲透这几个精准的卖点要比华而不实的其他广告有效得多。

● 打造信任体系，软实力与硬实力一个都不能少

第一，软实力——包装、广告、名人、体验、口碑。

软实力源于感性的思考，主要从用户的情感体验出发，包装、广告、名人、体验、口碑这五大要素相当于产品的"软性"设计部分。对于产品的认知和体验，用户在使用过程中是可以感受到的。（详见图3-9）

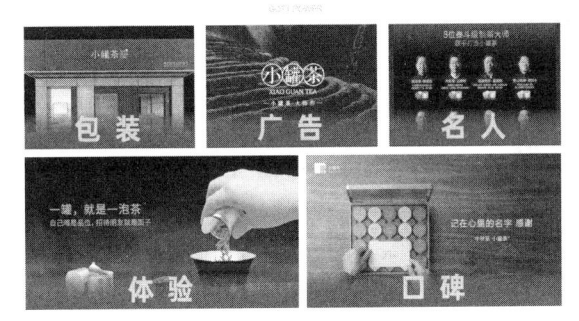

图3-9 打造信任体系之软实力

1. 包装

外部包装设计不仅凸显产品价值，同时也决定了用户对产品的第一印象。在今天这个看脸的年代，有人说"颜值即正义"犹如一颗毒瘤侵蚀着人们的审美。但你不得不承认，喜欢欣赏美的事物是人类的本能。所以，颜值也不局限于对外貌的评判，还延伸到了产品包装上。著名的巴布洛夫刺激反射原理说明，人类的一切行为都是通过刺激形成条件反射的结果。如果我们想刺激用户购买，在包装设计这一步只要遵循一个原则：尽量放大用户的购

买理由。例如，外包装的视觉冲击力要强、颜色要鲜明、字体要放大等等，用这些可被放大的理由给用户一个刺激购买的信号。

2. 广告

在品牌传播中，相对于对产品包装的印象，一条形象生动的广告更能加深用户的感知，形成品牌记忆。一个每天出现在各种媒介的品牌就像是我们熟知的朋友，而那些从未打过广告的品牌更像是一个陌生人。正常情况下，我们当然更相信熟人的推荐。

只是今天这个时代的广告接近泛滥，引发用户关注的成本越来越高。随着商业环境的变化，喧嚣的背后，很多广告并没有形成与用户的有效链接。所谓有效，是指一个好的、有创意的广告不仅好看，更能引发用户的思考，忍不住多看几眼。甚至广告语还会成为流行语，在用户脑海中形成深刻印象却不会有压迫感。

3. 名人

人们对权威有着天生的信赖感。比如，当我们自己无法判断一件事情可信与否的时候，我们更倾向于相信长辈和专业人士的建议。在信任权威的基础上，不管是他们说的话，还是做的事，我们都愿意相信。而在移动互联网时代，我们今天在谈到名人时，更多的是指明星代言。找明星代言的前提是你想传递什么信息给用户，就去找和你这个品牌三观相匹配的人去帮你传达，形成价值认同，这才是对产品属性最好的证言。

4. 体验

在体验经济时代，除了你的产品和服务，用户更关注源自内心的情感体验。而"喜新厌旧"是写在人类基因里面的，寻求新鲜的体验刺激是用户内心深层次的消费需求。贝恩咨询公司曾对362家企业做了一项调查问卷，结果显示有95%的企业认为自己很关心用户的感受，80%的企业认为自己已经向用户提供了优质的体验。但在这些企业客户的抽样调查中，只有约为8%的用户同意企业的观点。可见，大部分的企业并没有真正为用户带来良好的体验，就更不用提超越用户的心理预期了。

而诺贝尔奖获得者、心理学家丹尼尔·卡尼曼提出了一个心理学定律——"峰终定律",他认为,在每个人的内心深处都可能存在一段久久无法忘怀的记忆,并会随着时间的推移愈加清晰,这就是心理学中的"峰值体验"。找到这些个节点时刻并精心设计,就能在某种程度上为用户带来不一样的体验。(详见图3-10)

峰终定律

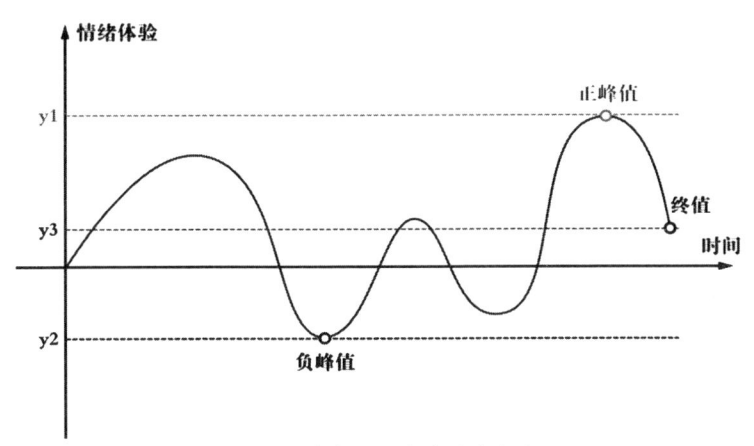

图3-10 用户在不同峰值时的体验不同

这一定律也可以运用到优化用户体验与提升满意度的过程中。用户与产品接触的各个触点——品牌不同的维度构成了与用户的接触环节,影响用户的购买决定与消费行为。如果我们能将这种"触点"都打造成"峰点"(峰值时刻),强化用户与产品接触的体验记忆,降低负面体验出现的频次,最终储存在用户记忆中的品牌印象都是深刻且舒适的体验。

5. 口碑

"高品质"口碑标签,是用户流量的入口。小米联合创始人黎万强在《参与感》一书中写道:"口碑的本质就是用户思维,就是让用户有参与感。"随着新晋品牌一个接一个登上顶流,很多传统品牌的老用户正在被新涌现的竞争对手不断抢夺,那些原本的"死忠粉"实际上早已转为了路人。没有了参与,对品牌的认知也就渐渐模糊。因此,口碑效应就是持续"激活"用户对品牌的认知,正如把鲶鱼放入沙丁鱼的船舱,用它来驱动沙丁鱼保持游动，使其摄入更多的氧气，维持生命力的旺盛。

在商业领域，增加参与感的形式有很多，通常体现为精神、身体及物质上的体验获得。第一种说的是品牌运用文化价值引起用户的情感共鸣，继而对品牌产生信赖和认可。后两者说的是通过身份权益的定制、奖励返现机制获得用户的拥戴。总的来说，就是让用户在体验品牌产品或服务的过程中生出极度的信任和依赖，维持与用户的稳定关系，最后靠用户的口口相传获得传播。

第二，硬实力——多、大、久、权、正。

如果说以上几点软实力是令用户一秒破防的有效途径，那么当用户冲破心理防线决定购买我们的产品以后，若想让用户产生二次购买，终究还得拿出真本事，靠硬核实力留住用户。（详见图3-11）

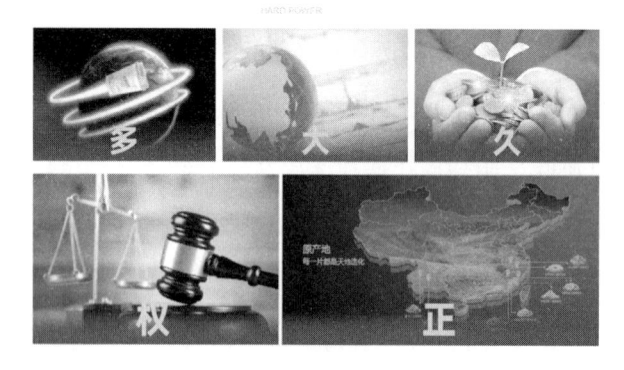

图3-11　硬核实力的五大方面

1. 多——卖得多

香飘飘奶茶一年卖出三亿多杯，能环绕地球一圈；加多宝，中国每卖10罐凉茶就有7罐是加多宝……这些再熟悉不过的广告语让我们记住了热销品牌。销量绝对算得上是最有效的超级信任状要素之一，其核心动机是有效地利用了用户的社会认同原理，也就是我们常说的从众心理。

丹尼尔·卡曼尼在《影响力》一书中提出了社会认同原理，他认为人们在进行思考和判断时，会不自觉地参考他人的意见行事，如果你看到别人在某一场合做了某件事，比如你在逛超市时看到旁边的消费者都在购买一样产品，那么你就会倾向断定他们这样做都是有道理的，于是你也购买了该产品。所以，如果你有"热销"的证据，就能降低用户的决策成本，让信任度再上一个台阶。

2. 大——规模大

品牌要点亮价值，更需要规模化传递。企业品牌发展的过程，是以产业级战略指引品牌不断创新扩张的过程。今天的品牌，无规模很难品牌化、商业化。没有用户基数，小作坊式的生产无论从加工流程还是到品质管控都难以给用户安全感，这样的产品谈品牌化无异于空中楼阁。而品牌没有规模优势，在销售渠道上就没有先发优势，面临最大的问题就是品牌形象容易迅速老化，被后来者超车。

3. 久——干得久

用户不会轻易信任一个新品牌，除非那个品牌是行业里的开山鼻祖或百年品牌，例如，北京的全聚德、东来顺、六必居、同仁堂；上海的上海家化、老凤祥；青岛的青岛啤酒；广州的王老吉，等等。这些老字号是数百年商业和手工业竞争中留下的精品。它们经历了艰苦奋斗的发家历程，最终统领整个行业。多年来，社会大众对其产品质量的认可逐渐形成了其品牌的影响力。

干得久的品牌都有一个最重要的基因——诚信。清朝著名红顶商人胡雪岩亲笔题写著名"戒欺"匾额，上写"凡百货贸易均着不得欺字，药业关系性命，尤为万不可欺。"将诚信经营理念贯穿在企业的生产经营，使戒欺成为一种企业的文化，深入每个员工的心田。胡庆余堂内对联："修合无人见，诚心有天知。"这样的品牌代表的是用户的信任，其品牌就是质量的代言。很多能够传承下去的品牌往往都经历过创新整合的过程，而用户对品牌的感受、认知、认同与信任也在这个过程中不断得到提升和进化。

4. 权——权威证明

我们在前面谈到的名人是权威的一种，除此之外，用户信任的还有权威机构。作为个体，用户往往对很多产品的技术领域所知甚少，希望能有个专业的机构来帮助他们做检测以减少在购买中的决策风险。比如手机测评行业的王自如，国际上名声卓著的权威认证如美国UL、欧盟ROSH认证，等等。这种第三方认证因为不是我们自卖自夸，立场不受品牌方利益本身影响，天然具有可信度，用户更容易相信其真实性。

另外，权威媒体也是建立消费者信任的载体。一些来头很大，或者专业领域的媒体，都会更容易让用户信任。

例如央视，一个品牌若能在中央台投得起广告，消费者会觉得更加权威可信。小肥羊20世纪90年代末在中央电视台投放广告后，全国的加盟电话每天有四五十个，这在当时算是非常不错的转化，其中就是很好地利用了用户对媒体的信任。当然，我们说使用权威机构也是有前提的，比如你面向的目标消费群体要了解/知道这个机构；其次机构本身的公信力要值得信赖；且机构的属性要和你的产品相关，这才是最重要的。

5. 正——正宗传统

当今时代，信息浩如烟海，产品日新月异。这是社会进步的积极信号。然而对于用户而言，反倒会因为产品和信息太多而感到安全感荡然无存，对于选择的挫折感油然而生，产生更多的消极情绪。

从中国市场来看，经典品牌通常都是品类中的佼佼者，没有哪个品牌因为具备"经典"认知而渐行渐远。而从实践来看，"正宗"概念更具竞争性和独占性，也更有利于中国消费者理解"经典"。我经常劝说身边的老板朋友，与其不断地去说服消费者相信你提供的产品更好，不如在消费者心智中创建一个"正宗"概念。特别是在饮料、食品、农产品、药材等具有传统认知的品类中，创建"经典"或"正宗"概念非常具有区隔性。

我们最熟悉的一个品牌莫过于"正宗凉茶领导者"——王老吉。当年那场经典的"凉茶战"再次验证了"正宗"概念的有效性和战略优势。对于当时的王老吉而言，战胜加多宝几乎是不可能完成的任务，众多媒体及行业专家都给王老吉判了"死刑"。对于王老吉来讲仅有一个优势，也是唯一的优势，它就是品牌背后隐藏的认知：王老吉必须把正宗凉茶这一优势尽可能地放大。王老吉没有埋没这一优势，及时创建"正宗凉茶"定位概念，把品牌与"正宗"凉茶画上等号，力图把加多宝推向"凉茶模仿者"一侧。

直至数年后，"正宗凉茶"这一定位逐渐植入用户心智并发挥了作用，这场不被人们看好的战役很快就从"敌众我寡"的局面到"势均力敌"，最后到王老吉掌控局面。"正宗"概念在商业竞争中的战略价值可见一斑。

上述"软硬兼施"的十个方法是我们打造一套信任体系的基础，也是我在传播闪亮柚过程中的经验总结。需要强调的是，在所有的关键要素中，老客户的价值远远大于新客户。闪亮柚在当地存活下去的关键原因就在于老客户创造的口碑。正如在前面讲到的，用户是因为行业而来，因你而留下。现在，我可以说，用户是因为闪亮柚而来，因为我们的产品和服务而留下。（详见图3-12）

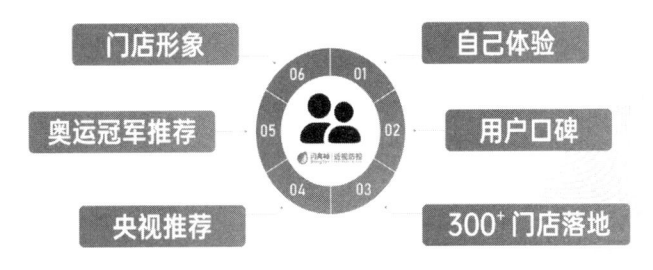

图3-12 闪亮柚打造硬实力的六个方面

家长带孩子来就是在给我们提供服务的机会，但如果你稍有怠慢，甚至活活把用户气走，对你来说是一种损失，对用户而言却很简单，他大不了换一家店，再也不光顾你便是了。

打广告也是一样，用户看到闪亮柚的广告后慕名而来同样是给我们一次销售的机会。但如果用户在购买后发现产品不好用、你的服务态度不好，那么你之前辛苦建立的所有东西对用户都将失效。同理，闪亮柚在全国门店落地300家，被央视推荐、被奥运冠军推荐等，所有的途径都只是为我们赢得了第一次销售机会。

今天我们去到任何地方，最终都是和人打交道。其实，所有的谋略在设计完毕之后，只能为你赢得一次机会。你或许能凭借一次机会把用户抢夺来，但是最终你能否留下用户，靠的是人、是你——再好的谋略，最后也要靠人来执行。人执行得好就有口碑，所以用户最后能否信任你的关键都要回归到两个字上——口碑。而我们经营企业，设计再多的路径，最后都是要赢得人心、获得用户的喜爱与信任！

实践 胖东来缘何成为"神一般的存在"

人与人之间的信任就像一张A4纸，任何揉搓都会留下痕迹，用户对于品牌的信任也是如此。如果说信任是我们与用户之间建立的一个情感账户，那么，只有不断往用户对于品牌的信任账户里"存钱"，我们才能获取更多的信任复利。

说到信任，就不得不提到中国零售业"神一般的存在"——胖东来。

● 真正把用户放在心里，才能实现信任的交付

胖东来，全称为"胖东来商贸集团"，是一家不算特别大但又很厉害的企业。说它不算特别大，是因为胖东来仅在河南省新乡、许昌等几个城市有共计30多家连锁店。说它很厉害，是因为马云曾称赞它"引发了中国零售商的新思维，是中国企业的一面旗帜"。雷军曾为了了解和学习，还专门去到许昌的胖东来时代广场，亲自体验胖东来的产品和服务，对此雷军还专门发微博赞美了胖东来是中国零售业"神一般的存在"。

众所周知，世界第一名的超市是沃尔玛，但在河南，可以说无人能打得过胖东来，就连开在它对面的家乐福也不行。曾有记者采访于东来先生："你的经营秘诀是什么？"，于东来说："很简单，你对老百姓好一点，就啥都有了。"

也许对于其他零售品牌，许昌市和新乡市的用户有点"娇气"，很难"讨好"，而这份曾逼走丹尼斯、"逼疯"世纪联华和沃尔玛的"娇气"，来自胖东来对于用户的"宠爱"——这种宠爱让用户不只信任胖东来，甚至让很多用户感慨胖东来是他们的骄傲。

对于许昌市和新乡市的用户来说，吊牌上标注成本价与零售价、超市里满足六种年龄段需求的购物车、便利视力不便人士查看价格的放大镜、宠物寄存处等等是许昌人逛超市的基本配置。已售过期的商品可无条件退货、雨天会主动为顾客的电瓶车/自行车套防水布、超市内含有免费充电宝、直饮水、一次性水杯、便利整洁的母婴室，配备无性别卫生间，等等，这是作为消费者逛超市的日常体验。

在胖东来，如果用户在购物时没有找到自己想要的商品，在登记商品信息3天后，大概率可以接到所需要商品已上架可购买的反馈；而当用户有了不好的服务体验，可以通过向胖东来反馈自己的不良体验，获得500元现金奖励。前者是为了更好地服务消费者，养成用户心中"胖东来什么都有"的认知，后者是为了感谢用户帮助他们优化服务体验。用户心智培育和客诉处理这两件事，大部分企业都在做，只是坦白说，做到位的不多，做得好的更少。

然而，胖东来的商品售价并不是一味地低于市场平均价，部分商品价格也会略高于其他超市，但许昌人依然会优先选择胖东来进行消费。当用户的第一选择决策不是考虑价格，而是选择品牌时，品牌才算功成。但交付信任的前提，是企业珍视用户。用户与胖东来之间的关系，是深度的信任和信任后的坚定选择，这份信任与选择偏爱，来源于人的朴素情感。

我相信，每一家企业都渴望打造胖东来这样的品牌，但确实不易实现。现在用户的选择非常多，其注意力也很分散，能够成为被用户主动且坚定选择的品牌，可以说是我们的"终极"目标，唯有目光长远方能胜利。讨好哄骗型服务可以蒙骗一时，但是只能做一锤子买卖，不能一秒破防令用户信任你，那后面再多的宣传也是王婆卖瓜，自卖自夸！

第五部

传播——有效广告

问题回顾：用户怎么知道你？

《孙子兵法》强调："善战者无智名。"真正的战略、真正的战术、真正的战胜，都是看上去平淡无奇，却能决胜千里之外。正所谓外行看热闹，内行看门道。

以上四部是战略，接下来的四部是战术。战略是根本，战术是配合，战略的坚定性配合战术的灵活性，就能用行动点亮梦想，让梦想照进现实。

战略和战术的制定和执行，一步慢，步步慢，传播也是一样。

用户永远不会买自己不知道的东西，要想把产品卖给更多的人，就要有一套完整的传播体系。

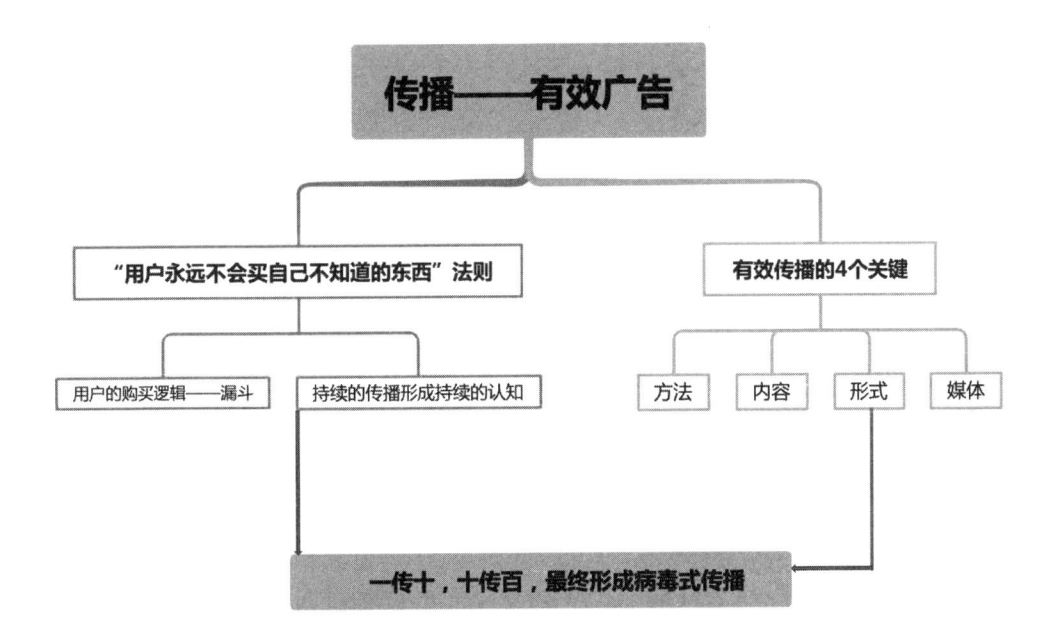

```
                        传播——有效广告
                              │
              ┌───────────────┴───────────────┐
   "用户永远不会买自己不知道的东西"法则        有效传播的4个关键
              │                                │
     ┌────────┴────────┐              ┌────┬───┴─┬────┐
  用户的购买     持续的传播          方法  内容  形式  媒体
  逻辑——漏斗   形成持续的认知
              │
       一传十，十传百，最终形成病毒式传播
```

法则 "用户永远不会买自己不知道的东西"

想象一下，假设你和周杰伦同时走在大街上，谁更容易被认出来？

肯定是周杰伦，因为他是"地球人都知道"的明星，同时也意味着他是一个品牌。如果你和周杰伦同时发行了一首歌曲，用户肯定要先听周杰伦。同理，我们要用品牌的方式让用户知道、发现你的产品，因为他们永远不会购买自己不知道的东西。

● **用户的购买逻辑——漏斗**

早在1898年，美国广告学家艾里亚斯·路易斯就提出称为"AIDA"的消费者行动模型，他把消费者的购物过程分为意识、兴趣、欲望和行动四个阶段，奠定了分析消费者购物行为的理论基础。1924年，美国营销专家威廉·W.汤森首次将漏斗模型与AIDA模型联系起来。一年后，另一个美国人Edward·K.Strong在AIDA的购买行为之前，又加进了Memory这个要素，就变成我们现在熟悉的AIDMA模型了，所以这个模型又常常被称为销售漏斗、营销漏斗或者品牌漏斗。其中，AIDMA分别是注意、兴趣、欲望、记忆、行动的英文首字母大写。（详见图3-13）

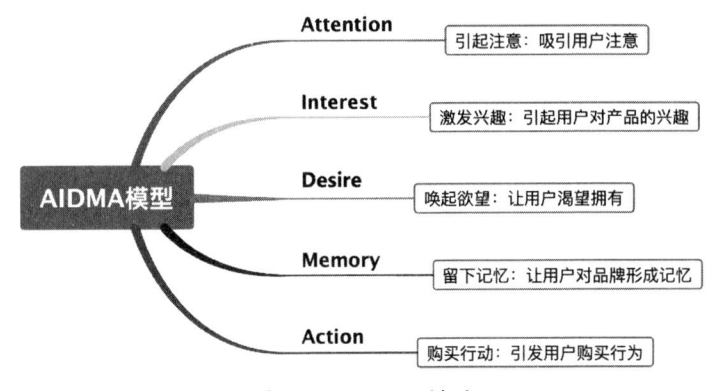

```
                    AIDMA模型
                    ├── Attention ── 引起注意：吸引用户注意
                    ├── Interest ── 激发兴趣：引起用户对产品的兴趣
                    ├── Desire ── 唤起欲望：让用户渴望拥有
                    ├── Memory ── 留下记忆：让用户对品牌形成记忆
                    └── Action ── 购买行动：引发用户购买行为
```

图3-13　AIDMA模型

值得注意的是，在上述5个分阶段的过程里，第一个阶段是Attention——注意、意识，换句话说，用户首先要知道你的产品或服务的存在。也就是说，用户的购买逻辑本质是一个漏斗，这个漏斗从知道开始。

之所以将购买的周期定义为"漏斗"，是因为买家由产品需求到最终决定购买是一个不断筛选、万里挑一的过程。

购买漏斗从意识到产品需求开始，如果用户不知道你的产品，那么他们永远不可能购买你的产品，也就是说我们作为产品的供应方的首要任务就是让买家看到我们的产品。

你为什么会买AD钙奶？你为什么会吃巴奴火锅？从本质上来说都是因为你知道，如果你不知道就不会吃。所以，所有的传播第一步是在开始就让用户知道！

用户在知道产品存在后，下一步就是让用户对你的产品产生兴趣，在这个阶段你要持续传播，让用户认为你的产品可以让他们的生活更加美好。

为什么全世界的人都知道了可口可乐、娃哈哈，他们还要做广告？因为他们不仅要让用户知道，还要不断加强认知，加深用户的印象。也就是说，只有持续的传播形成持续的认知，才能让用户产生兴趣，激发用户的欲望。同时在用户了解产品，对产品产生兴趣之后，他们就会对产品进行深入地了解，了解产品的各方面信息。用户在对产品有了足够的了解后，便会将精力放在了解产品的特性上，以便做出购买决策。这时他们会对相似的产品进行比较。最后，消费者决定购买。通常在用户购买之前还会考虑价格、店铺的服务政策、运费情况、退货政策等等，这就是用户的购买逻辑。接下来，我们就可以遵循这个逻辑构建传播体系，有针对性地对用户进行有效传播。

落地 有效传播的四个关键

一个品牌要想让用户听见你的声音，需要有效的传播途径和工具，最好是构成一套完整的、可落地的传播体系。

然而，对于个人而言，"体系"这个词似乎有些庞大。如果你不是专业所学，很可能一不小心损兵折将栽跟头，最聪明的办法是草船借箭，与一个懂行的人合作。有时"拿来主义"往往是我们在做事初始阶段的最佳选择。这也是为什么我在创办闪亮柚这个品牌的同时，还要让传播、渠道、合伙等各项环节可落地、可执行，唯有如此才能让我的合作伙伴少走弯路，我们才能一起走得更远！

● 构建全方位的传播体系

在传播体系中，我们首先要考虑的是传播对人，也就是你的传播对象——他可以是你的用户、客户抑或是员工、领导等。传播的对象不同，方法略有差异，但主要的形式大同小异。更重要的是，我们通过一个例子掌握构建传播体系的基本逻辑，然后举一反三，为己所用。

下面，我以闪亮柚为例简要说明如何构建传播体系。（详见图3-14）

闪亮柚想要有效传播，就要解决两个问题：第一，用户怎么知道闪亮柚？第二，如何把闪亮柚的信息传播出去？

图3-14 闪亮柚的传播体系

怎么解决信息传播？解决方案有以下几点。

第一，通过第一部的学习，我已经知道闪亮柚的用户在哪里，于是，我就到用户所在地开门店，获取自然流量，直到让闪亮柚的门店遍布全国。

第二，用户分享。作为4.0时代的企业一定要有一套用户分享的机制。我们可以通过素材号、公众号、小程序、群、朋友圈、直播号、微博等渠道让用户分享。比如闪亮柚的用户在线上朋友圈的分享逻辑是，只要用户到店，他可以把链接发到朋友圈，只要有用户的朋友点击，那么该用户就可以赢得5个积分，如果有100个人点开就能获得500个积分，而用户可以通过积分在闪亮柚线上商城换购自己喜爱的商品。（详见图3-15、3-16）

图3-15 闪亮柚的素材号展示

图3-16　闪亮柚的公众号展示

第三，广告宣传。也就是我们在第四部中提到的广告。而闪亮柚的广告宣传是多样化的，不只限于抖音、头条、美团，还包括百度、视频网站、电视、直播、门头、展板、手册、海报等一切可以触达用户的路径。（详见图3-17）

图3-17　闪亮柚的门店展示

第四，持续推广。闪亮柚的目标客户是家长和孩子，每逢寒暑假，闪亮柚都会到各大广场、超市、商场里做活动，平时就在学校门口，周六日会去小区做地推活动。这样一来，目标用户就非常集中，用户在参与试训课后的转化率可达到90%～100%。（详见图3-18）

图3-18 闪亮柚的地推展示

以上是闪亮柚的主要传播途径，若是要举一反三地构建一个传播体系，可以概况总结为以下四个关键。

第一，方法：广告五说。

广告的本质是传播，而广告的灵魂是创意。广告学派的代表博达大桥广告公司创始人费尔法克斯·M.科恩曾说过："大众心理是不存在的，大众不过是个体的集合，优秀的广告从来都是从一个个单独人物的视角写出来的，针对上百万人的广告词感动不了任何人。"

美国广告心理学家经过长期研究消费心理状态与消费观念后，总结出了五个打造创意广告的关键词。

第一个，New——新。

用户都有喜新厌旧的心理，人们普遍喜欢新东西、新事物，很多人都喜欢经常换汽车、换手机，甚至经常换工作、搬家，这就是最好的证明。因此，产品也要更新迭代，就算是一成不变，也要换换包装，扣上一顶"新"的帽子，否则就无法长期吸引用户的注意力。

第二个，Natural——自然。

从食物到审美，今天人们越来越崇尚返璞归真。人造的东西、假大空的话术很难再令用户心动。

第三个，Light——轻。

如今，无论国内外，肥胖、亚健康是全人类都在攻克的难题。现在很多商家都开始推出"轻食"的健康理念，比如元气森林的0卡0糖，连可口可乐也推出了小罐装的无糖款。

第四个，Real——真。

中国人对"真"的重要性早就了解，所以很久以来便喊出"货真价实"一语。可又可乐广告中那句It's a real thing!在世界上不知唱了多少年，简直可以说家喻户晓。它的中文意思是说，你要喝可乐，就喝地地道道的可口可乐，不要喝冒牌货，只有我们的才是正宗货色。

第五个，Rich——浓烈。

Rich，它既可以指富有，也可以指食物味道足、口感饱满，形容味道的醇烈。这一点类似于我们在第四部中讲到的正宗传统。

第二，内容：价值呈现。

在前面第三部中，我们讲到了要聚焦，要持续输出产品价值，给用户一个非买不可的理由。如果是以传播的视角，那么，我再补充一点。

今天我们身处连接时代，传播的内容是社交分享式的，那么，生产具有社交分享价值的内容就很关键。只有让内容具有分享价值才能赋予品牌更强的传播力。所以对传播内容的要求有两方面：

一是有传播性，具备社交分享属性；

二是有企业主体的调性，让你的用户（受众）形成辨识度，一看就知道你是谁。

要想实现这两点，我们可以从场景的精神体验寻找内容诉求。

比如，在家喝酒是爱好，在饭店喝酒是朋友间的精神体验。所以，江小白的传播，体现的是"四小场景"：小聚、小饮、小时刻、小心情。这是传统酒商怎么也难以理解的地方。产品是功能性的，场景是精神性的。从场景中发现可以传播的价值，最后衬托产品。

其次，围绕价值观的内容创作，内容要体现企业价值观，而不是纯粹强调传播性。具有相同价值观的内容，反复强化，才有辨识度，最后形成IP。这也是我们在下一点要讲到的，可以通过文字、图片、视频展现品牌态度，引起用户共鸣，并激发其分享欲望，在社交平台上进行转发评论。

第三，形式：文字/图片/视频。

文字、图片和视频的表达方式更为直观具体，也更能唤醒用户的情绪，是传播中常用的方法。我们很多人应该都见过"不转不是中国人"这种标题的文案。抛开内容不谈，它就是在利用大家的情绪来进行传播。其实在生活中，只要用户被某件事触动，行为就很容易被情绪影响。就像《亮剑》中，听了李云龙的几句话，士兵就会玩命地向前冲，就是这个道理。

用户为什么要选择闪亮柚？我们其中的一段文案是这样的：

> 张太太的儿子因为视力问题错过了成为一名人民警察的机会，王叔叔的女儿因为视力问题错过了成为一名空乘的机会。周大姐的儿子因为视力问题错过了成为飞行员的机会。我们不希望你真的用到，但是我希望，我真的希望你知道视力要提升，就找闪亮柚。

用户凭什么相信闪亮柚？

我们继续通过文字和图片的传播告诉用户，因为我们有基于130年的理论基础，我们在全国有300家门店……所有关于品牌的信息和优势，你不仅要让用户听到，更要让用户真实地看到、真切地感受到。（详见图3-19、3-20）

图3-19　闪亮柚百度展示

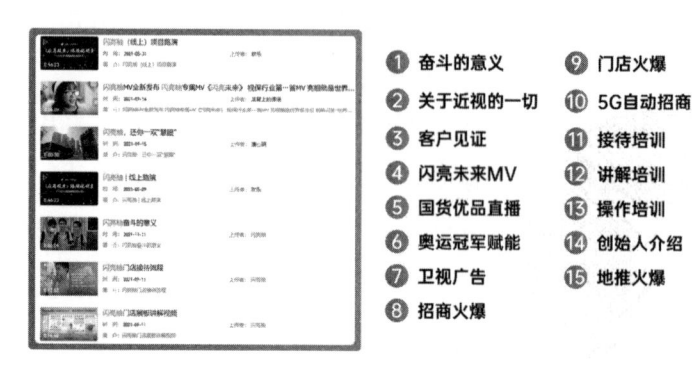

图3-20　闪亮柚视频展示

第四，媒体：流量变迁。

商业的变迁，本质是流量的变迁问题。

以前我们总说"一铺养三代"，是因为流量在线下；后来不是"一铺养三代"，因为流量渐渐从线下转移到了线上，也就是有流量才有生意；再后来，互联网的发展，百度搜索、引擎优化成就了一批莆田系商人；紧接着微信走进我们的视野，于是又成就了一批人——微商；今天的流量来到抖音、快手、短视频和视频直播，因此，现在的传播是以视频为主。当然，随着国家一系列政策的出台，有关部门开始治理短视频行业直播乱象，当红头部主播的效应逐渐减弱。但无论流量在未来还将流向何方，我们要做的就是在今天这个流量共享时代，紧跟趋势的变化，将线上与线下相结合，并始终基于用户的核心需求建立社群、打通私域流量，通过持续强劲的流量形成传播闭环。

实践　脑白金持续火爆的真相

在我国的营销历史上，论传播的能力和效果，家喻户晓的脑白金创始人史玉柱绝对可以排得上中国前三名。毕竟没有多少人，可以把一个保健品做到百亿销售额。

史玉柱在他的《史玉柱自述：我的营销心得》一书中详细概述了他的商

业经验和感悟，揭开了"脑白金"持续火爆的真相！

● 脑白金的病毒式传播

很多人不解，"今年过节不收礼，不收礼呀不收礼……收礼只收脑白金，脑、白、金！"两个卡通的老人形象，扭动着腰肢，边唱边跳，一条脑白金的广告为什么能打十年之久？甚至有人说这样的广告很低俗，但就是这样一条广告影响了整整一代人。其实，广告的目的就在于传播，而脑白金的病毒式传播无疑是成功的，它成功地让十四亿中国人了解到这个品牌。（详见图3-21）

图3-21 脑白金经典形象

后来，史玉柱自己也对这个广告进行了总结，它的成功之处在于：

第一，定位准确，就是送礼。传统观念认为，给老人送礼就是尽孝道，也是传统美德。所以，结合前期市场调研的结论，脑白金团队就确定了一个广告主旋律——送礼。

第二，密集轰炸，播出率高。这句广告词在各个卫视打了10年之久，通俗易懂，容易记忆。"今年过节不收礼，收礼……"这个"礼"字重复得也比较多，容易记得住。

第三，故意设计的病句。广告词"今年过节不收礼，收礼只收脑白金"，其实是病句，因为前后矛盾。从传播学的角度讲，病句恰恰最容易让人记住。

正如史玉柱所言，广告的目的是销货。传播是真刀实枪的战斗，不是为了获奖。打动用户促使其购买，是所有传播活动的最终目的。而在我看来，脑白金则主要得益于其病毒式的传播策略。

第一，提炼产品或服务传播的价值。

也就是我们前面讲过的价值呈现。这一点，史玉柱曾在演讲上提到过这样一个故事，他在商场看见一个戴眼镜的男士买了脑白金，就上去跟男士聊天，问他为什么要买脑白金，男士说他自己其实十分讨厌脑白金的广告，那问题来了，他为什么要买呢，答案是：一是过年了要送给父母，市面上有太多的礼品种类，不知道挑哪个好。二是在这些礼品里面自己唯一熟悉的就是脑白金。它还在做广告，做铺天盖地的广告。仔细想想这个企业应该还是很有钱的，这样推理的话至少产品的质量有保证。

第二，根据提炼的信息找出传播的引爆点。

正如我们前面所说，脑白金魔性广告的轮番式轰炸，让众多市民都有这三个感觉：俗、多、单调。但与其相反的却是脑白金的销售量极高，销售异常火爆。

第三，利用便捷的传播渠道让用户参与传播。

脑白金放出的广告词堪称朗朗上口，十分易记，也就是说很利于传播，也符合本土化的特点。病毒式传播的关键点就是让用户无意识地接受并且参与病毒性信息的传播。面对全国上百家电视台同时在黄金时间不低于2分钟的广告轰炸，意料之中地引起了全国人民对脑白金的热烈讨论。一传十，十传百。脑白金信息病毒已经悄然扩散。

就是这样的病毒式传播战略，使得脑白金最后俘获了大批用户，获得了巨大的利润，同时也成了后来者策划病毒式传播的参考模板！

第六部

渠道——购买场景

问题回顾：用户怎么买？

今天的江湖靠花拳绣腿已经不行了，未来的市场一定是只有用对方法，做对渠道，才能扎扎实实地取胜。

今天的商业一定要务实。所有的商业技巧，在用户的体验面前，都不堪一击！新鲜感，只是过眼云烟；体验感，才是长久之道！很多家长对于眼镜、近视没有认知，我们就自己做了海报、地推物料以及所有流程，包括标准的话术，向下扎根，向阳生长，以心换心才能搞定用户！当我们在搞定用户之后，要想做大就必须要拓展渠道。

比如你开店就要搭班子，想发展就必须找到合伙人，有人愿意替你管店、守店，你才能越做越大。起初，闪亮柚只开了十家店，通过十个店落地、测试，拿到数据之后，最后我们只用 4 个月就做到了 150 家店。这就是渠道，你必须要把样板做出来才能走进市场。过去那种扯虎皮做大旗的思维已经行不通了，如果今天你还认为你拿到一个资源就可以忽悠人，你最多只能走 300 米，一定走不到 3000 米。所以今天的商业一定要实实在在踏踏实实把事做好。

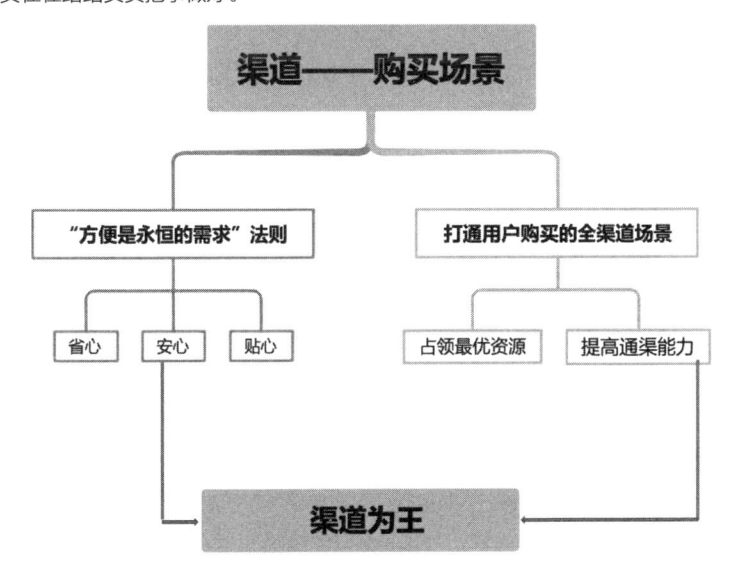

```
                渠道——购买场景
                       │
          ┌────────────┴────────────┐
    "方便是永恒的需求"法则      打通用户购买的全渠道场景
     ┌──────┼──────┐             ┌──────┴──────┐
    省心   安心   贴心         占领最优资源   提高通渠能力
          │                           │
          └─────────────┬─────────────┘
                      渠道为王
```

法则 "方便是永恒的需求"

现在无论是网购还是实体店购物,用户对速度和便利性都寄予了很高的期望。

知名国际市场调研机构OnePoll曾对中国500位18岁以上的消费者进行了消费行为调研,结果显示,近57%的受访者认为在互联网、APP或电话客服中心购物时,最重要的是能在两个工作日内送货上门,而35%的受访者表示如果能在当天或者次日就收到购买的物品,他们会很乐意支付运费。

而在实体店内购物时,只有15%的消费者倾向于使用固定POS机结算,而约60%的顾客倾向于使用移动设备或者在线APP进行扫描支付。如果店内缺货,27%的消费者希望店员能在附近的其他店内确认是否能找到存货,并有14%的顾客会仍然期望店员能够尽快把缺货商品订购到店或能安排送货上门。若无法提供此项服务,商家则将可能错失该产品的销售机会,因为23%的消费者表示他们能在不同的商店中找到相似的商品,或者会直接购买其他的品牌。

这一结果说明"方便是用户永恒的需求",是零售业永恒的真理。用户总是希望获得更好的价格、选择和便利。随着互联网的普及与发展,人们的注意力正在转向便利。

那么，如何才能满足用户"方便"这一需求呢？

● 购买更方便，渠道是关键

首先，用户"购买"这一场景需要在不同的渠道才能发生。因此，我们要结合零售商库存、仓库、供应链、用户关系并能提供跨渠道、全方位服务的购买优势，能够实现当日或者几日内完成交货的商家才能满足消费者的预期。

确切地说，渠道商是企业销售的重要组成部分，又是企业组织架构外的"其他公司"，一个成功的企业，必须要能不断满足用户方便购买的需求，同时也要满足渠道商日益增长的发展的需要，并成为引领者，这才是渠道战略的本质。否则，如果只有消费者愿意向你买，没有渠道商替你卖，消费者又去哪里买呢？购买的方便性从何而来呢？而消费者的购买行为会分为就近购买及就好购买两种，无论是哪种购买行为，都需要通过渠道来实现。例如，京东最为人称道的不是它这个网络零售超市有多大，而是用户在京东下单后，物流的速度有多么快。

2022年3月，上海受疫情影响，防控举措进一步升级，上海市民居家防疫"云买菜"等线上订单需求持续加大，民生必需品尤其生鲜需求激增。此时，京东发挥了全渠道供应链的优势，不仅全力投入到当地抗疫保民生的工作中，同时确保京东购买及物流渠道畅通无阻。

其中，作为京东旗下美食生鲜超市，七鲜超市的上海瑞虹太阳宫店出现了订单量激增的情况。京东七鲜为避免后续出现供给问题，影响居民正常生活，迅速将生鲜蔬菜、米面粮油、方便食品、饮用水、牛奶、冷冻速食等民生物资商品的备货量提升到平时的2~3倍，并提前锁定相关主产区，通过全国各大种植基地协同调配稳定货源，整合产地、加工、供应、配送等渠道资源，同时额外搭建本地化的供应链，建立备选加工仓，以有效应对疫情冲击，保证供应。

而为了满足大众居家防护期间的健康咨询问诊需求，京东健康"全民就医关爱行动专区"召集医生，为各地民众提供免费的线上健康咨询问诊和心理疏导服务。同时，京东大药房全力保障各类药品、消杀及防疫用品等物资供应。

此外，为保障当地消费者基本的生鲜食材需求，京东生鲜联合京东物流华东分公司成立了"生鲜商品保民生应急小组"。通过京东到家、小时购等全渠道，京东为上海地区尤其是浦东等封控区域的相关商家提供强有力的"畅通"赋能。

有的用户调侃京东物流发货快得像用了"分身术"，更多的用户则是为在非常时期里还能如此方便迅速地收到新鲜的蔬菜物质而感激涕零。

其次，用户购买离不开渠道，而渠道除了要方便，同时也离不开购买场景。

外卖表面上看是一个销售渠道，但对于虎邦辣酱来说却是一个很好的"消费场景"。"虎邦辣酱"的场景从销售环节延伸到了消费环节，此时，它不仅仅是一个物流的通道，同时也到了一个使用环节，到了一个消费者的环节。以前，我们在渠道中只要把产品卖出去就结束了，用户买回去以后怎么用、在什么情境中使用等问题，其实我们很可能根本就没有去研究这个"用户消费场景"，更多的是按照自己的主观臆断去感知"产品和用户之间的互动关系"。

但在一个使用的具体场景中，你对产品会有一个全新的定义。比方说同一罐辣酱，它在乏味的一个人的午餐场景中出现，和在"四菜一汤"的聚餐场景上出现，它的需求形式和用户认知就完全不同。

我们总是在说渠道要创新这样的口号，其实创新的着眼点就在产品的场景中，即如何把一个产品最痛的那个场景诠释出来，继而让用户在某一场景中发生渠道购买的行为。由此可见，渠道与场景也是密不可分的。

然而，在我国，很多跨国企业能做好欧美市场，但做不好中国市场。这是由于我国的渠道市场由36个省、市自治区，333个地级市，2861个县，

44821个乡构成，中国市场本身具有多元消费文化、城乡二元结构市场、区域市场不平衡、产业市场不平衡等一系列市场特征，一二线城市人群，与四五线城市及县乡人群的生活习惯、消费特点、购买能力等等存在很大不同，而且在中国不同省份、不同区域的消费特点也存在很大不同。这让中国市场上品牌竞争的回旋余地很大，一线城市的优势品牌，在三四线城市不一定是优势品牌，更不会是五六线市场的优势品牌，中国市场既有城市攻打农村的战略机会，也有农村包围城市的战略机会，这也让品牌的渠道占领就显得尤为重要。

无论你是发展经销商渠道、流通渠道、自营渠道、加盟渠道，还是新零售渠道、特通渠道、电商渠道、微商渠道、会销渠道、直销渠道，等等，品牌首先要找到自己的位置、打通自己的渠道，因为即使一个品牌在一线城市已经取得了领先的位置，新的品牌依然有机会在四线城市击败上线市场的领先者，然后再不断突围，拥有更广阔的地域，最终拥有更多的用户，才有机会成为全国性品牌，无限接近于中国市场的王者之巅！

落地 打通用户购买的全渠道场景

很多老板认为，近两年，我们饱受疫情的影响，销售渠道不畅。其实，新型冠状病毒从未阻止人类的交易，只不过它把大部分的购买活动转移到不同的渠道而已。

但不管怎样转移，用户对于便利的需求从未改变，甚至比以往任何时候都更重要。用户希望他们生活中的物流尽可能简单，所以，一个强大的全渠道战略对用户行为的变化非常敏感，我们必须满足用户想要触达以及他们希望你触达的地方。

● 占领最优资源，提高通渠能力

麦肯锡的分析师写道："全渠道转型是企业应对日益增长的复杂性、提供卓越的客户体验和管理运营成本的唯一途径。"而渠道能力就是我们能把产品规模化触达那些潜在消费者的能力，本质是占领最优质的销售资源。

从根本上划分，渠道主要可分为两大类：一类是推介型渠道，另一类是流通型渠道。

推介型渠道就是我们常说的行商，需要"放一个PPT来介绍生意，从而成交"的业务，而一般B端的业务都属于推介型业务，一些大额的C端业务也属于推介型业务。而流通型渠道就是坐商，也就是"守店做生意"的业务，是一种静销力的业务，快消、日化、日用品等都属于流通型业务。推介型渠道要做好的根本在于占领渠道商最优质的销售资源。流通渠道分高端流通渠道如新零售渠道、精品超市等，现代渠道如便利店、卖场、超市及大流通渠道如杂货店、农贸店等。企业要想打通销售通路，就要选择适合自己的渠道。

1. 常见渠道（连锁加盟渠道）

自营渠道分直营连锁门店及加盟连锁门店两种，在产业互联网兴起的今天，还有一种门店叫赋能门店。前两种我们并不陌生，所谓赋能模式，是给门店赋能做增量生意，而不抢存量生意，也先不要求门店换门头，原门店假设有100万生意，这100万生意不动，做50万增量大家一起分钱，即"你的是你的，你的永远是你的，我的还是你的"，这是效率最高的线下翻牌的门店拓展模式，行业内称之为"产业路由器"模式。

日本的7-11有2万多家店，其中直营店只有500家，大部分是加盟店；星巴克的品牌扩张，一直坚持直营路线：由星巴克总部进行直接管理，统一领导，目的是控制品质标准。海底捞基本是采用直营连锁方式，严格限制加盟店；肯德基的中国市场策略从一开始的偏向直营加盟的模式，也转变为直营+加盟双轨并行的模式。

渠道的选择对品牌商而言，重点是要匹配企业整体的发展战略及资源禀赋。

2. 特通渠道

做渠道的有句话，叫"搞定特通渠道，企业不愁温饱"。特通渠道就是在企业常规渠道以外的渠道，这个渠道非常广泛，比如交通场站（汽车站、火车站、飞机场、加油站、服务区等）、事业单位（学校、医院、军队、监狱等）、餐饮住宿（连锁餐饮、酒店旅馆、餐饮小店等）、景点（香山、故宫、颐和园等）、运动场馆（健身房、KTV等）、自助贩卖机等等。

3. 电商渠道

电商渠道其实也是一个非常特殊的渠道，因为它既是销售渠道，同时也是一个传播渠道。电商可以说是竞争最为激烈的渠道，因为电商是一个完全公开的市场，所有的竞争都可以汇聚上来，大家知道超竞争的结果只可能是一个，就是无限接近地逼近盈亏平衡线，导致大多数参与者无法赚钱。

但是，大家还是对电商渠道趋之若鹜。因为电商的另一个特殊功能，就是出圈，但电商发展到今天，要在电商平台上出圈正在变得越来越难，因为电商的红利期已经过了，电商的流量成本正在不可避免地变得越来越高。

无论你最终选择哪个渠道，一个成功的全渠道战略离不开四个要素，包括销售渠道、营销和广告、运营以及运输。所有这些功能需要无缝的协同工作，以提供尽可能最好的全渠道用户体验。

第一，销售渠道。

除了上面介绍的一些渠道，现在我们有了比以往更多的销售渠道可供选择，但我们必须仔细评估受众：用户花在哪里的时间最多，以及我们类别中的产品通常在哪里销售。

你的渠道可以包括（但不限于）：网上店面、电子商务市场、社交媒体平台、移动渠道、实体店等。全渠道销售方式的可靠优势在于，它的核心是一种风险缓解策略。它允许你问："我的顾客在哪里？我怎么才能到达他们所在的位置？"并做出相应的改变。

第二，营销和广告。

无论我们选择哪种销售渠道，用户都不会自然而然地找到我们的产品，即使是最好的产品也需要一种全渠道的营销策略来推动流量和销售。

第三，渠道运营。

运营包括后台的一切，从产品、订单、库存管理到物流。从操作的角度来看，全渠道运作方式的关键是连通性。到底什么技术构成了我们的后台操作，这取决于我们的业务规模和复杂程度。而当我们扩展到新的渠道时，必须有集中的运营，这样才能优化我们的供应链，并且永远不会错过销售平台之间的节奏。

第四，运输。

在运输方面，我们可以选择使用运输软件或第三方物流公司。运输软件提供了与各种运输公司的特殊协商费率，对运输状态的可见性、报告，以及向供应商发送订单的能力。第三方物流还包括其他物流过程，如库存管理、仓储等。大多数人认为物流和运作是电子商务的技术方面，但实际上这是用户体验的另一种延伸。

全渠道战略的具体落地流程对企业来说是独一无二的，也是完全不同的，因为我们必须先选择最符合我们的目标以及营销渠道。再根据独特需求，操作也将有所不同。

如今，既然用户希望购买地点和方式越来越方便，就需要我们能够随时跨渠道为用户提供支持，无论他们是使用智能手机还是通过微信发送信息，抑或去线下门店，根据获取的数据确定我们的精力应该集中投入在哪里以及如何集中精力去继续打歼灭战，满足用户的无缝体验，这才是让渠道落地最大的挑战！

实践 **小米的全渠道布局**

2022年6月初，小米宣布商城升级：全渠道购买、0差别服务、更方便。意在让用户在任意官方授权渠道购买的小米产品都能在小米商城享官方服务，比如家电安装、维修、换货等等，退货需要在原购买渠道进行处理，申请售后更方便。（详见图3-22、图3-23）

值得注意的是，用户可以在小米商城查找距离自己所在地最近的小米之家，体验到手机贴膜、换屏幕、换电池等各项服务，让用户省心、安心、贴心。

图3-22　小米服务的升级

图3-23　小米服务升级后的优势

而一年一度的"6·18"年中大促销活动更是商家们的必争之地。小米的预售产品于2022年5月31日晚8点正式在京东开卖。小米首日官方数据显示，3分40秒全渠道支付金额破5亿；14分10秒，全渠道支付金额突破10亿元。而到了2022年6月18日这天，小米集团高级副总裁曾学忠发布海报：小米销售额已达成150亿元。（详见图3-24）

图3-24　小米2022年度"6·18"销售业绩

● 贴心的小米如何让用户省心、安心？

小米的成功，按照雷军的思路，不会放过任何一个网络时代发展的风口，通过九年的积累和摸索，小米最终形成了线上、线下融合的全渠道模式。我们通过对小米全渠道的分析，解读小米全渠道模式。

第一，小米早期的互联网渠道。

小米早期通过米聊触达用户，积累早期用户，早期的100个梦想赞助商来自MIUI，小米通过线上（小米社区、新媒体、小米商城促销）方式，通过互联网电商发展粉丝，发展到上百万的粉丝，小米通过小米家宴达到粉丝建设的高潮，目前小米家宴成为小米为粉丝量身打造的年度盛宴。小米通过不同模式与用户连接，通过社群方式，建设忠诚的小米粉丝群体，销售数量已达到数以千万部的手机。

第二，小米电商平台。

小米电商平台建设，小米线上第三方代理，在国内，主要与京东、苏宁合作，在世界其他地区，主要通过Flipkart及亚马逊等第三方电商销售。代理商直接购买小米的产品后向终端用户分销。

小米线上直营通过小米商城，主打小米手机、平板等科技数码产品，也涉及周边生活商品。同时，小米在天猫开设旗舰店，进行小米产品的自营。2017年，小米推出小米有品，打造精品生活电商平台，这次，小米有品采用了多品牌合作的模式，里面除了小米和米家的产品，也有第三方独立品牌。

第三，小米线下布局。

小米线下布局基本分为这样几种类型，小米之家，自建自营，线下直营，一二线城市，进驻大型商城，旗舰店占地1000～2000平方米，一般店占地250～300平方米，集形象展示、产品体验咨询和销售功能为一体。在小米专卖店建自营，在三四线城市，占地150～200平方米，小米与各地优秀服务商、零售商合作，小米直供产品、直接管理运营。在小米体验店也建他营，由小米指导，类似代理商模式，在四线城市以下主推，在产品SKU选取上因地制宜，对城市中心店和郊区店做出了区隔。小米直供点，当作C端客户，店主在线申请即可获得销售资质，直接从小米小规模订货，店主可通过微信、电商、抖音等方式推广。

第四，小米社交电商。

有品是小米的精品购物开放平台，依托小米生态链体系，用小米模式做生活消费品，是众筹和筛选爆品的平台；小米商城是小米自己和生态链的产品；每个小米之家大约有200种商品。他们共同组成小米自营全渠道的三层结构。

小米建立了S2B2C的运营模式，平台为优质商家提供物流、客服、品控等全方位的支撑，小米与400余家行业龙头企业达成合作。小米有品同时打造会员模式"有品推手"，小米有品推手采用邀请制注册，新用户通过邀请码注册开通成为推手会员。小米推手会员享有自购省钱、推广赚钱的权益。

第五，小米物流。

物流是全渠道策略成功实施的保障，小米在物流方面不断进行建设。根据中国国标局信息显示，小米2019年6月注册了"小米快递"商标，已经通过中国国标局审核。小米快递可以提供的服务包括：包裹投递、快递服务（信件或商品）、运载工具故障牵引服务、船运货物、旅行陪伴、贵重物品的保护运输、司机服务、运输、商品包装、导航、货物贮存等。

就这样，小米的全渠道逐渐形成了系统的协同效应。

第一，全渠道梯度协同。

也就是我们前面说的米家有品、小米商城和小米之家。在这个梯级全渠道中，小米之家有一个重要的工作，就是促进线下线上的相互引流，向用户介绍更丰富的小米产品系列。用户在小米之家购买商品时，店员会引导用户在手机上安装小米商城APP，这样用户如果喜欢小米的产品，下次购买就能通过手机完成，而且在小米商城，用户可以在更全的品类中进行挑选。

小米近几年的电商一直采用饥饿营销的策略，很多产品在发行的时候都要预约、抢购，从而激发人们对消费购物的欲望，所以即使在小米的线上商城中也常常会出现一些爆品断货、存货不足的情况。这时消费者就可以选择到小米之家等实体店中进行选购。这样就形成了一种互补的现象，一些线上的客流会被引流到线下，当消费者到线下实体店中进行选购的时候，就很容易浏览其他的产品并产生消费行为，提高了连带率。

第二，全产品线相关协同。

线下的店铺面积是有限的，什么东西好卖就卖什么。但是什么东西好卖呢？因为已经做了几年的电商，小米可以根据之前积累的互联网数据来选品。比如，线下店可以优先选择线上被验证过的畅销产品，如小米6手机、手环、电饭煲等。如果是新品，可以根据口碑和评论来观察，比如看前一周的评论，评论不好的不上。此外，根据大数据安排不同地域小米之家的选品，并且统一调度。这里不好卖的东西，可以在那里卖；线下不好卖的东西，可以在线上卖；甚至反过来，线上不好卖的东西，在线下卖。这种大数据带来的精准选品、卖畅销品、卖当地最好卖的货，大大提高了用户的转化率。

第三，全供应链数据协同。

2010～2015年，小米聚焦电商，后台围绕电商做IT，搭建小米网电商系统建设和仓储、物流、售后、客服系统建设。在全渠道布局背后，是小米整体供应链的建设。

2017年小米开始继续深化，成立了信息部。整体工作重点在于提升信息化能力，为市场前端赋能。小米前端建设全渠道体系，后端建设数据中台，对业务运营产生的价值，主要体现在生产监控、日常运营、经营管理、战略管控等方面。底层是生产监控管理、实时运营监控、实时风险监控等。其次是日常运营型分析，包括日常统计分析、操作统计分析等。再次是经营管理分析与考核型分析，包括商业洞察分析、人力资源分析、财务分析、部门绩效考核等。顶层是战略管控与预测型分析，包括战略绩效分析、行业对标与企业经营预测分析。

可见，全渠道成为企业未来发展的重要方向。而全渠道的本质是商家为了使用户无论通过哪种渠道，都能顺利收集信息、购买商品而提出的横跨渠道战略，以及由此构建的商业模式。小米正是通过全渠道运作，更大频次加深与用户互动的关系，从互联网时代脱颖而出。

第七部

将领——合伙共赢

问题回顾：谁来卖给用户？

只要领导者的决策和方针路线是正确的，那么，接下来就是要让得力的干部来发挥带头作用了。

天下不是谋下来的，而是打来的。只不过我们要先谋后动，但最后的落脚点还是在于行动上。一个人单打独斗的时代已经远去，从滴滴到美团，包括今天的闪亮柚，这些企业的迭代发展都说明了一个问题：未来没有企业，只有平台；未来没有员工，只有合伙人。

来到第七部，我们就是要解决"谁来帮你卖"这个问题。在合伙共赢的时代，唯有找到你的将领和你一起打天下，你的事业才能越做越大，路越走越宽，美好的未来才更值得期待！

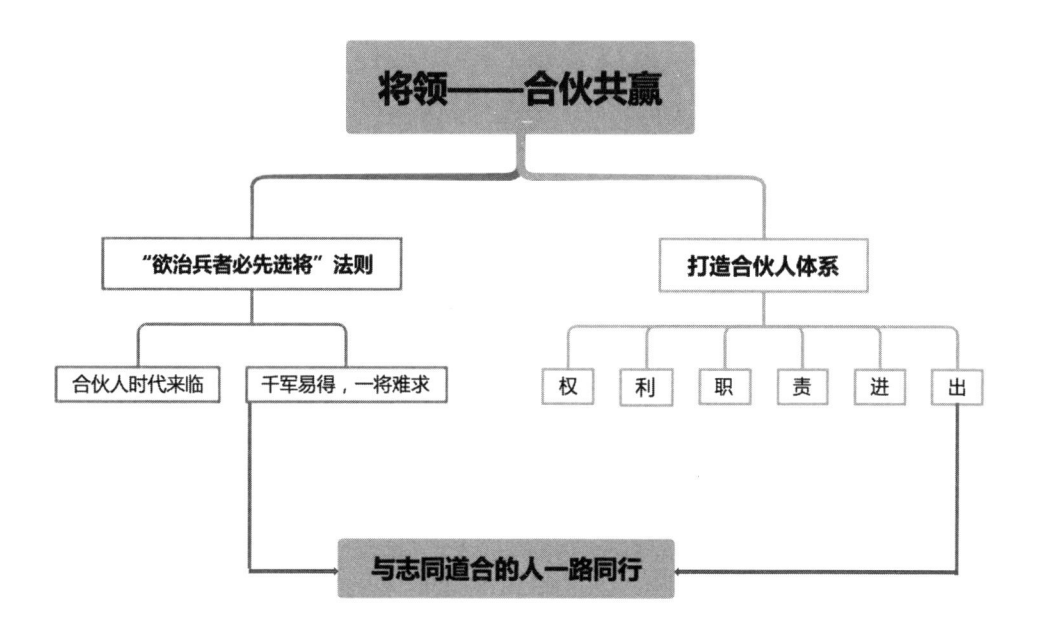

```
                    将领——合伙共赢
                          │
            ┌─────────────┴─────────────┐
    "欲治兵者必先选将"法则          打造合伙人体系
            │                           │
      ┌─────┴─────┐          ┌───┬───┬───┬───┬───┐
  合伙人时代来临  千军易得，   权   利   职   责   进   出
                  一将难求
            │
            └──────────┬────────────────┘
                       │
              与志同道合的人一路同行
```

法则 "欲治兵者必先选将"

在企业发展的过程中，人是最大的变量。

我们今天在创业这个圈子里已经基本没有一个人单打独斗的可能性了，那么，首要问题就是找什么样的人来合伙，他为什么愿意跟你合伙，他怎么跟你合作。

一滴水只有滴进大海，才不会干涸；一个人只有加入一个团队、一个平台、一个企业才能有更长远的发展；同样，一个老板、一个组织只有拥有优秀的合作伙伴，才能把市场这块蛋糕越做越大。

如果说我们皆处在一个不确定的时代里，那么在这个大变革的浪潮中，老板与合伙人就是最典型的休戚与共的命运共同体！

● 合伙人时代来临——从一棵大树长成一片森林

唐代张九龄在《选卫将第八章》中有言："欲治兵者，必先选将。"

古代帝王打天下，先有谋略，再配合人才阵势，天下尽得。有谋可知进退，有道则能顺应大势。如今，我们创办企业打天下，用古代帝王的这一逻辑也未尝不可。先借力，后得力；先借船，后造船，抱团打天下，天下必得。所以，天下不是谋下来的，而是打来的。只不过我们要先谋后动，但最后的落脚点还是在于行动上。

对于任何组织来说，都是如此。做企业，需要有人带领员工，完成企业的经营目标，这些职业的管理者，就是干部。

无论一个人有多大的能力，所取得的成就都是有限的，如果想成就一番大事业，那就必须依靠团队的力量。要想做好一件事、干成一项事业，一定要与志同道合的人一路同行。

可能有些人还是会觉得，不加入任何群体和组织，一个人也能进步。一个人的确也能进步，但是一个人的想法、认知、眼界、能力、执行力和资源是有限的，远远比不上一群人。在每个群体里面，都会有比你强的人。这些人不仅会调动你的积极性，还会刷新你的认知范围，拓展你的思维和眼界；另外，他们还会给你带来一定的动力和压力，而这些将会是你前进路上，最好的精神"果实"，有了它，你才能最大限度地突破自己，然后变得更强。

每个人都有自己的目标，在朝着自己的目标奋进的路上，大家或结伴而走，或踽踽独行。一个人的行走是没有负担的，但是会很难到达理想的彼岸。唯有一个优秀的群体，才能刷新你的认知，打开你的眼界，激发你的潜力，达成资源共享，从而让你走得更远。

社会就是竞争，优胜劣汰是千古不变的规律。在强者越强、弱者越弱的时代，唯有抱团，借助平台，借助团队，发挥每个人的优势才是真正的取胜之道。

其实打造一个团队或者一家企业就像做一个木桶一样。一个专业人才就是一块木板，有人擅长研发，有人擅长渠道，有人擅长市场，有人擅长财务，至于老板或者创业项目的创始人则像"桶箍"，我们是那个把"木板"给箍起来的人。

落地 打造"吾能用之"的合伙人体系

既然要把"木板"给箍起来,做一个"吾能用之"的木桶,就要先找到适合的那些块木板,也就是把你的将领、你的士兵聚集到一起,并用一套完整的体系留住人才、激励人才,让人才成就梦想!

做企业,特别是连锁企业,人才是必不可少的。我们常说,21世纪最缺的是人才,但是对于企业来说,缺的不一定是人才,而是缺可复制人才的土壤机制。

如今,店长流失率高,是众多连锁企业的共识,当企业没有打通机制和晋升通道时,店长一眼看到头,晋升无望,每天上班就开始期待着下班。

连锁一般来说,是以终端门店为主,特别是中国的民营企业,有三个明显的痛点:

表3-1 中国民营企业开店的三大痛点

中国民营企业开店的痛点	
迅速开店	怎样才能又快又稳地开出更多更好的门店
人才复制	怎样才能吸引大批量合伙人,实现裂变
业绩增长	开完店以后,如何让业绩持续增长,让合伙人赚到钱

连锁企业经过几次的浪潮,中国的民营企业不断地进行模式创新,从传统的直营复制,到加盟的快速扩张,再到联营的管控扩张,最后到全民合伙时代。

企业在连锁化的过程中,其本质始终是围绕着"人"在进行连锁,"万店连锁"只是一个必然结果,而如何运用合伙人机制,推动"人心的连锁、人才的连锁",才是实现"万店连锁"的关键手段。

企业迅速崛起的秘密：打造合伙人体系

合伙人制现在已经成为中国企业普遍所采用的一种企业成长机制。就像雷军讲到的，未来创业的趋势将是合伙人制。未来是知识经济时代，它需要最优秀的人才能够凝聚在一起。所以很多企业、事业合伙制是凝聚人才、打造创业团队最好的一种方式。有人做过形象的比喻，说雇佣制是火车，合伙制是动车，其优势十分明显：

表3-2 合伙人制的优势

打造合伙人体系的优势	
对于企业	解决人才复制和快速良性开店问题
对于老板	激活人才、裂变门店、聚合资源、简化管理、解放自己
对于合伙人	相对于做职业经理人，钱更多、权更多、名更好；相对于创业来说，起点更高、风险更低、成功率更高

那么，合伙人"合"的到底是什么呢？

首先我们要弄懂究竟什么是合伙人？合伙人通常是指投资组成合伙企业，参与合伙经营的组织和个人，是合伙企业的主体。合伙模式有很多，主要有共创模式、裂变模式、对赌模式、门店模式和区域模式，不同企业导入的合伙模式也是不一样的。

其次，对待"合伙人"这个词和其更深度的内涵，我们要换个角度去看待。合伙人制度的本质，在于建立一套核心人才选用育留的激励机制。合伙人，合的不是钱，而是相信、执行、结果、格局和未来。

一个好的合伙制，除了有效的合伙协议，还必须有良好的规章制度作为保障。权责清晰，同时根据每个人的权利和义务严谨制定相关条文规定。总的来说，一个健康的合伙体系离不开以下六大要素。

表3-3　一个健康的合伙体系离不开六大要素

构建合伙人体系离不开六大要素	
权	谁是老大，出了什么事，谁说了算？
利	如何分配利润，如何占股？
职	什么岗位，干什么事？
责	干不好怎么惩罚/干得好如何赏？
进	如何成为合伙人？
出	如何退出合伙？

接下来，要想让这六大要素落地，就要设计一个合伙人体系。我们可以通过"七定模型"让你的合伙体系落地。

第一，定目标。

这点很好理解。有了目标，才有方向，如果你自己都不清楚为什么不去打工而开始自己当老板，又怎么能说服别人和你抱团打天下？一旦走上创业这条路，一旦决定与人合伙谋天下，就要形成真正的事业结合体，不要等把人招来了才开始想怎么做。

第二，定模式。

根据你的企业所处的阶段，来选定最适合发展的合伙模式。例如，你的门店数量小于10家，没有连锁系统管理基础，处于初创阶段连锁企业，那么可以选择共创与裂变的模式；如果已经小有规模，门店数量大于10家，那就可以考虑区域发展模式，等等。

第三，定对象。

不是所有人都可以合伙，合伙人体系最关键的是通过合理的合伙机制找对人。那么，具体来说，什么样的人是你的合伙对象？怎样才能找到适合的合伙人呢？

表3-4 寻找合伙人的三个方式

找到适合你的合伙人	
方式	方法
竞聘	竞聘选拔店长、区长合伙人是寻找优秀合伙人最重要的方式，也是我们在辅导合伙人项目时的一个重要环节 合伙人竞聘，通常与合伙人的出资和对赌相关。相对于任命，竞聘出来的合伙人明显动力更强、准备更充分、成功率更高 但相对而言，选拔过程较为复杂，耗时较长，更适用于选拔关键岗位的合伙人
招募	如果公司内部有优秀的合伙人，从内部挖掘当然是首选，但对于大部分快速发展的中小连锁门店来说，传统的体制致使内部很难吸引和保留优秀人才，所以需要利用合伙人模式招募外部优秀人才
裂变	裂变合伙人就是合伙人带教出新合伙人 相对于内部培养以课堂教学、知识传授为主，裂变合伙人主要是以老带新，即在实践中师带徒

第四，定条件。

人员一多就容易进入混乱的无序状态，那么，人合在一起，条件怎么设定？首先要确定有没有资格入伙，其次确定都要签订什么合同、签多久。

第五，定股数。

根据盈亏平衡、平均值、不同区域设定。

例如某护肤品牌门店22.5%的分红比：店长、技术总监等投资款项按照每月扣除1000~2000元不等的工资形式，利润按照每三个月兑现1次，原有投入本金还可全部退回。

第六，定机制。

合伙人机制一般有六种，在这六大机制中，合伙文化是合伙机制的"魂"，合伙文化可以有效弥补管理机制的不足，让合伙机制更好地发挥自身的作用。（详见表3-5）

表3-5 合伙人的六种机制

合伙人的六种机制	
进入机制	是对门店内的人员进行筛选，确定哪些人可以成为合伙人，毕竟并不是门店内的所有人都适合成为合伙人
责权机制	是对一些重要的合伙人进行适当的授权
退出机制	是合伙人退出时需要遵循的约定。合伙协议必须要签，退出机制必须要定。都想着成功，但是人总是自私的，难免有不愉快，开始时制定好完善的退出机制，能够在一定程度上减免各类矛盾发生
管理机制	包括组织形式、管理内容以及奖惩机制
激励机制	是用于吸引、激励和保留合伙人的机制。激励机制是合伙机制中的核心内容，也是合伙机制设计的难点。一般来说，激励机制分两类：物质激励和精神激励。其中物质激励主要包括薪酬机制、股权机制、对赌机制以及裂变机制，而精神激励主要讲的是荣誉机制
文化机制	是指合伙人需要共同遵守的行为准则，以及营造合伙文化的机制

第七，定协议。

合伙人的设计，是需要系统考虑的，标准化的流程与工具，在连锁经营的任何阶段，都是非常有必要的！具体落地措施，也涉及一些协议，我们可根据门店的具体需求来设定。

合伙经营是一个复杂的过程，即便是拥有专业知识和丰富经验的管理者，也很难确保自己不会在经营过程中出现失误。只要想合伙创业，上述这些问题必须要考虑，至于在具体落地的形式上则是相通的，万变不离其宗。

市场环境是多变的，消费倾向也是不断变化的，在这种情况下，要保证合伙人体系合理有效，那么在具体实施之前，一定要进行试点。试点就是找一些门店或区域，把设计好的门店合伙人方案试验一下，并在试验过程中不断升级和迭代门店合伙人方案。

无论从事什么行业，合伙人都盼着成功，合伙失败的理由千千万万，成功的理由却只有一个，赚钱，都赚钱！但是，商场如战场，各种各样的危机、风险相伴，稍有不慎就会崩盘。正所谓"欲速则不达"。打造一个成功的门店合伙人体系不是一蹴而就的，它需要一个系统而漫长的过程，这个过程需要多方的努力和实践！

实践 小米、腾讯、美团的合伙启示录

在为企业做咨询和规划时，经常有连锁门店的老板问我："股权激励或者阿米巴跟门店合伙人模式有什么本质上的区别？"

从机制来讲，股权激励、阿米巴和门店合伙人模式存在一些共通之处，但是它们在解决问题的逻辑上，有着本质的区别。

股权激励本质上是一种激励机制，重在把现有的人驱动起来。阿米巴则是一套"方法 + 激励机制"的体系。

阿米巴这一概念是由稻盛和夫提出，在企业经营管理模式上被称作"阿米巴经营模式"。简单来说，这一模式就是以各个阿米巴的领导为核心，让其自行制定各自的计划，并依靠全体成员的智慧和努力来完成目标。这种做法可以让处于一线的每个员工都成为"主角"，实现"全员式参与"。如今，是一个合作共赢的时代，靠一个人单打独斗的时代已渐渐远去，合作让我们优势互补、资源共享。可以说，下面这几家企业都是在股权激励与阿米巴相结合的基础上，同时站在了"人 + 方法 + 激励"的三位一体的高度上，尤其注重"人"的选择与参与。

● 一起干一件事会更有价值

以小米创始人雷军为例，曾有人调侃他的慷慨之程度"不是在派钱，就是在派钱的路上"。最初的小米是由8个合伙人共同组成的，雷军认为，他找到了最能干、最合适，同时也最有意愿和他共同打天下的创业型人才。当他成为创业团队的大家长后，他愿意拿低工资，愿意进入艰苦创业的氛围中，愿意掏钱买股票。

可以说，在过去的十年里，小米发展是靠技术立业，雷军带领这群合伙

人经过不懈的努力，让小米拥有强大的研发能力，完美地应用到产品上，最后小米也取得了非常成功的结果，掀起中国智能手机革命，一跃成为全球手机厂商前三名。未来小米不只专注于手机业务，还要实现物联网、云计算、人工智能、自动驾驶等关键技术的突破，目标是要建立一个全球顶级技术团队，把小米打造成全球首屈一指的科技公司。因此小米对人才的需求只会更为迫切。

所以，雷军不断完善他的合伙人体系，尤其是激励力度，仅仅是个开始。

2020年，小米创始人雷军为小米做出了新十年"重新创业"的定调，并宣布小米将实行新十年创业者计划，同时还公布了小米新增加的4位合伙人。

随着小米一系列股权激励机制的推出，必定笼络天下顶尖技术人才，小米的美好未来值得期待。作为国内顶尖的互联网科技公司，小米的人才战略必将形成鲶鱼效应，其他公司也会纷纷效仿。当众多中国互联网公司共同努力的时候，就会在全球形成人才虹吸效应。

不只是小米，腾讯早在2011年就提出了与合作伙伴共同打造"没有疆界、开放分享的互联网新生态"，专注做链接，在与合作伙伴的协作中从一棵大树成长为一片森林。任何一个互联网巨头要想得到持续的发展，都要建立自己的开放平台，构建生态系统，在协作中得永生。马云由此说："因为是生态，所以能生生不息。"

这个道理，美团当然也懂。美团估值早已突破百亿美金，目前美团的活跃买家已经超过2.2亿人次，仅次于阿里巴巴位居中国电子商务平台第二，这个时候开放自己的平台，把业务用城市合伙人的方式下放，就像阿里放开物流、腾讯开放游戏一样，能让各方都提高收益，提升平台效率，使美团向轻资产配置转型。

靠用户红利的粗放增长时代已经结束，下半场需要新的能力。美团的这一系列动作，是一个百亿量级企业向上发展时顺势而为的举动。因此，美团的"城市合伙人计划"应运而生，成为美团"建平台、建生态"实施落地的一部分。该计划开始于2016年10月，最初放开的是全国基本未开发的584个县级城市,主要包括餐厅团购、推广、支付等业务;随后再次宣布开放623个城市,12月进一步开放843个县市,面向全国招募合作伙伴。合伙人收入主要来自"团购毛利分成+考核奖金+其他产品",申请人需要具备长期合作意愿、开拓市场能力和资金实力三个条件。

合伙人制度的实施并没有减少生态参与者的收入,反而给予了有能力、有激情的美团系成员获得更高收入和更远前程的可能。让合伙人从"一月一薪"到"财务自由"是美团由自营为主转向自营+代理的一个重大转折点。

你可能会说,这些都是成功的大企业,只要有机会,自然有无数人愿意与其合作。那么我们这些默默无名的小企业如何才能吸引合伙人参与进来呢?

我们暂且不去讨论和评估你的商业模式,但从整体来看,你的项目或企业是否吸引人,离不开以下四个主要原因。(详见图3-25)

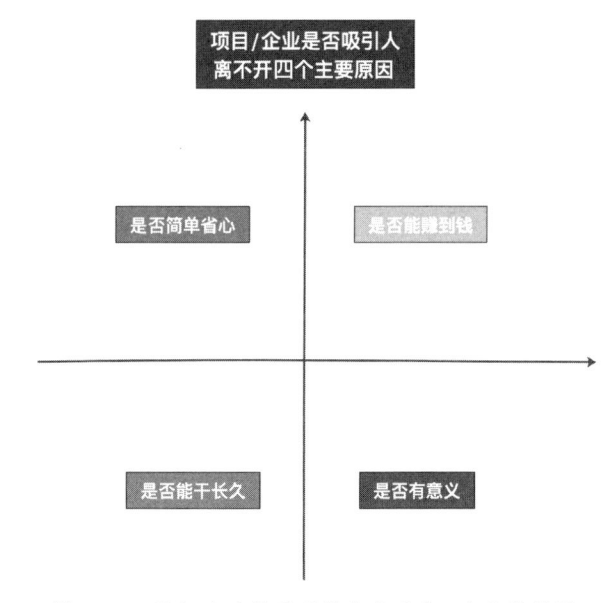

图3-25 项目/企业是否吸引人离不开四个主要原因

第一,是否简单省心。

一项事业是否简单省心,取决于开店时门店是否标准化、运营是否标准化、背后是否有靠山(厂家、战略伙伴的支持)。

第二，是否能赚到钱。

一个项目能否赚钱看三点：第一，看市场有没有机会；第二看项目有没有机会；第三看机制有没有创新。

例如，闪亮柚做近视防控，是在一个存量多的市场里抢夺用户；其次，国家出台越来越多的政策来支持这个行业，它属于朝阳产业；最后，目前这个行业里没有巨头。这三点说明我们处在一个有巨大机会的市场，而你加入这个市场的成本并不高，所以才能赚到钱。

第三，是否能干长久。

为什么可以干长久？

我亲身经历过这样一个故事，有个小孩来到我们店里做视力训练，原来视力是0.4~0.6，训练了半个月提升到1.0~1.5。

有一天，孩子的妈妈给他十块钱用来吃饭，他还剩3块钱。于是这个孩子就把3块钱拿回来给我们的训练师，并告诉训练师："感谢你帮我提升了视力，我不知道你喜欢吃什么，所以我给你三块钱。"

当我听到店员和我讲述这个故事，心中的使命感顿时油然而生。

这个世界有很多事可以赚钱，但是没有一件事可以像帮助孩子提升视力一样有价值、有意义！

对于普通人而言，无论男女，逆袭的人生结局固然令人心驰神往，但过程却是极其煎熬的，徒有鸿鹄大志并不能带我们飞得更高、更远。人最大的安全感就是身后有人、有靠山。后来我想，或许这就是今天很多人愿意和我一起来做这件事的一个重要原因吧！的确，如果你一个人创业，每天要做十个人才能完成的事情，而今天，我们一起来做好一件事就可以。很显然，后者的成功率更大一些。当我们把自己的团队经营好，大家很团结，齐心协力、目标统一，当然就会充满干劲，一起干一件事就会更有价值。

第四，是否有意义。

为什么很有意义呢？

当我们考虑要不要做一件事时，通常离不开两点：一是利益，能给自己带来什么好处；二是对他人有什么好处。

往小了说，闪亮柚是一个项目，因为它利润高、时机早、好赚钱；往大了说，我们所处的是一个积德行善的善业，帮助一个孩子就造福了一个家庭，帮助一个家庭就造福了一座城市，城市因为有我们而变得更加光明！

俗话说，天下兴亡，匹夫有责。帮助别人的同时也成就了自己。过去，我们无法为国分忧，商人穷则独善其身，达则兼济天下。但今天，国家都在为中国孩子的视力发愁，难得我们有这样的能力去帮助中国的孩子。所以"侠之大者，为国为民"。因此，我们的商业行为，也是在为家庭分忧，为国家解难。

其实，无论500强企业也好，还是小微企业也罢，合伙的本质是"合作共赢"，但合作共赢的本质是"将心比心"。

一路走来，我看到过很多九死一生的创业者的经历，也看到过很多同行大起大落的过程。而我从创业初期一路走来，看着企业规模不断扩大，我感受到自己的心量也在不断扩大。以前我觉得，在事业上有一番作为，理想是指引我奋斗的灯塔；如今我发现，让更多的人和你一起前进才更有意义，创业最大的成就感就是既成就了自己，也帮助了别人。所以，我希望今后通过闪亮柚更好地去助人达己，帮更多人成就自己的梦想！

第八部

持续——一生一世

问题回顾：如何卖 100 年？

《劝学》中有云："骐骥一跃，不能十步；驽马十驾，功在不舍。"经营创业，我们同样应该意识到这点。成功的秘诀不在于一蹴而就，而在于你是否能够持之以恒，和一群志同道合的人，把一件有意义的事一生一世地持续做下去。

做事业形同打仗，无非就是抢人——人才；抢钱——利润；抢地盘——用户和市场。今天我们所处的市场，竞争对手多，资源又非常有限。很多时候，商战中没有什么和谐共存可言，往往不是你死就是我亡，那些一遇到困难就放弃的人一定不能成功。

不管是长期盘踞在世界 500 强榜单中的成功企业，还是不知名的初创企业，如同人类一样，死亡似乎都是我们不可抗拒的自然规律。

如果企业最终难逃一死，如果从最初创业时就知道最终的结局，我想很多人未必还有勇气开始并持续做下去。如此说来，创业者都是向死而生，当我们出发的那一刻起，生与死之间的界限就会越来越模糊。在创业以前，很多人遇到问题的时候都不觉得它是问题，直到出发以后才发现，原来曾经那些微不足道的问题却成了压垮自己的最后一根稻草。

可即便如此，我们也希望并且一定要想办法活得久一点。正所谓"做最好的准备，做最坏的打算"。做企业，有时并不是为了赢，而是为了长久地活下去。正如今天闪亮柚存在的价值不在于招了多少个区域，做了多少业绩，而在于我们帮助了多少个用户，帮助了多少孩子，提升了多少人的视力。做一家百年老店，那才是闪亮柚真正的成功！

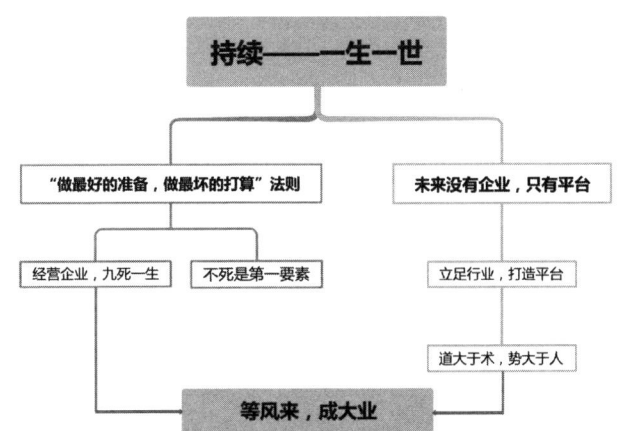

```
                持续——一生一世
        ┌──────────────┴──────────────┐
"做最好的准备，做最坏的打算"法则         未来没有企业，只有平台
        │                              │
   ┌────┴────┐                    立足行业，打造平台
经营企业，   不死是第一要素              │
九死一生                           道大于术，势大于人
        └──────────────┬──────────────┘
                   等风来，成大业
```

法则 "做最好的准备，做最坏的打算"

李嘉诚说，做任何事情之前先考虑失败。

《孙子兵法》中也说，"故不尽知用兵之害者，则不能尽知用兵之利也"。因为"利害相依所生，先知其害，然后知其利也"。如果我们不能完全了解用兵有害的地方，同样也不能完全了解有利的方面。

经营企业和打仗一样，都是九死一生。甚至经营企业比打仗的胜算还要低，因为打仗只有敌我两方，不是你胜就是我败，而经营企业是你往往连对手是谁都不知道，任何危急的事情都有可能随时发生。

如果你不居安思危，直到事情发生那一刻你就会一脸无辜："怎么会这样？"于是，把成功都归于自己的伟大，把失败都归于环境的变化。比如这两年，无论是企业还是个人都深受疫情的影响，很多人认为自己不成功、不努力也都是疫情所致。殊不知，比疫情更可怕的是，你有了疫情的心态。

为什么我们的趋利意识总是大于避害的意识呢？这是因为在人性中，我们都有侥幸心理。失败者总是说，没什么大不了的，不过是从头再来。但大多数人一出局就再也没有机会重新开始了，你没了底牌，拿什么入局？

因此，商战第一要素，就是不死！

● 经营企业，本质是一场现金流游戏，不死是第一要素

企业是一个什么地方？它为什么会死？

如果是一家宾馆，那么企业就是住宿的地方；如果是一家饭店，那么企业就是吃饭的地方。这些都只是企业的业态，做近视防控就是闪亮柚的业态。可以说，业态的消亡或兴盛关乎企业存亡，但这最多算是外部因素。

其实，所有的企业本质都是一样的，都是从资本金开始。首先是投资固定资产。例如，通过融资获得100万启动资金，然后租房、开饭店。接着，如果你是自己做，那么就要进原材料，完成从半成品到成品的制作，然后有人进货，最终把产品卖给用户。而你的收入要砍掉成本，减掉其他各项费用，最后你可能还剩30万的利润，你继续投入资本金，循环以上流程。

可见，无论是哪个环节都离不开钱，任何一家企业，本质都是一台现金制造机。如果你的投入与产出不成正比，那么你就濒临随时破产灭亡的境地。

通常情况下，企业不长久都是因为没钱，重资产经营，不能变现的资产过多。

有没有钱这件事，往往是不分你是传统企业还是互联网公司的。即便是今天的互联网企业，如果现金流断了，一样要破产倒闭，除非能继续融资。

现金流就像是一把宝剑，有了它才能出征作战，否则就是刀口上舔血，把自己放在一个游戏里面。

这游戏是什么？企业每天进账的钱必须要快于出账的钱——这就是现金流游戏。

现金流游戏的本质是，你的企业只要有一天进账的钱少于出账的钱，那么你就很难再见到明天的太阳。要想不死，要想赢得游戏的胜利，我们就要做一件事——剥离劣质资产，留下优质资产，把能够创造现金的资产留下来，不断产出更多的现金，这个过程也是资产重组的过程。

海航六千亿的重组计划，本质上就是剥离所有不能创造现金的资产。同样，如果你发现采购来的原料已经很久没有用了，那就立刻卖掉变现；如果你发现某个员工每天上班都没有在认真工作，那就相当于你每天给他发工资，但他却没有给你带来回报，长此以往就是在侵吞你的资金，这也是为什么有些500强企业都会定期评估、裁员。

虽然企业破产的原因千千万，但很多时候很可能只是因为一个微不足道的原因，令你的现金流暂时断裂，又或许哪怕你再熬个十天半月，只要有一笔回款你就能熬过去了。然而，很多人还没等到那一天的到来，钱没进来，企业就先破产倒闭了。

所以，千万不要在鼎盛时期，每天看着进账盲目乐观，顿觉自己豪情万丈，可以纵横四海，而是要有风险意识，时刻做最好的准备，做最坏的打算，给企业留条后路。因为当你衰弱时，市场只看结果，世人并不会因为蚂蚁的弱小而同情它，你衰弱的时候，往往是墙倒众人推，一分钱也能难倒英雄汉。这不是危言耸听，这就是现实！

所以，常常居安思危，别忘了每天问自己：我会死在哪里？如果我知道我会死在哪里，还能去送死吗？

一场现金流的游戏你都坚持不下来，还怎么做持续一生一世的事业？

落地 未来没有企业，只有平台

经营企业是场持久战，坚决不去送死，才有希望看得见未来。可做了一切准备，企业就能确保不死了吗？

其实，不死只是企业生存最基本的要求，毕竟，留得青山在不愁没柴烧。可求生存以后，也别忘了谋发展。如果你幸运地活下来了，就要不断努力去力争上游，始终以成为行业第一位为目标，而不是得过且过地活着。你在第一名时不会死，在最后一名时也不算是死，但两种"活"的状态却是完全不同的。企业未来到底能走到哪一步，往往取决于创始人的眼光和战略高度。

● 创始人的高度就是企业的高度，创始人的眼光就是企业的未来

中国有太多的企业，在活下来后没有好好珍惜眼前的机会，结果就是"不作死，不会死"。无论是三鹿奶粉的三聚氰胺事件，还是合伙人之间的股权纷争、挑战法律底线、用垃圾产品作死，归根结底是创始人没有站在立志做百年企业的高度上。

如何做100年？

第一，懂得立足行业，与时俱进。柯达应该立足影像而不是胶片，华为技术却可以改变，但服务用户的心不会改变。

第二，持续保持竞争优势。

如何保持竞争优势？

——把企业打造成平台，在这个平台上，人人都是创业者。

未来不再有中间商、中心化的概念，所有的企业都将变成创业平台，每个人都将成为一个中心，都是创业者。

在传统的市场形态中，用户与生产商、品牌商之间都是分离的状态，上游的商家根本不知道用户是谁，即便用户购买产品以后，也无法与其取得联系。因此，以前的上游企业都是根据自己的判断与意愿，大规模地生产，然后依托流通市场、终端市场去做产品下沉。在此过程中，市场也是碎片化的，需要更多的小公司、个体户参与到商业活动中，去实现产品的流通下沉，以货为中心赚差价。

但今天，整个市场正在被互联网时代所颠覆，用户可以依托互联网与上游的供应链零距离连接，通过互联网的方式去反馈诉求，从而满足不同的需求。

随着人们需求的多样化与个性化，商业的形态就会从批量生产到流通零售，变成去中间化、去中心化，把每个人作为一个中心。那么，想要满足新

的市场需求，首先要改变经营策略，把企业平台化、员工合伙化，让更多人参与到创新、创业过程中，实现整体市场的良性发展。

在新的市场需求下，海尔已经在探索公司平台化发展的模式。

这一点我们在前面海尔的"三化"改革中已经讲到，海尔从雇佣式的关系，变成了合伙人关系，从打工者变成了创业者，即便不发工资，也会努力工作。当企业管理结构与模式发生了改变，就能够让每个员工有更大的发展空间，获取更多收益。

企业平台化发展，不仅能够降低企业的人工成本、运营成本，还能以更多创客的力量，给企业带来创新发展，解决人才流失的问题。在企业平台化的发展路径中，创业者能够赚多少钱，不再由企业决定，而是由市场与用户决定，这样才能真正地让个人的价值发挥到最大化！

在打造平台的过程中，我们也参考并对标了小米、滴滴这些成功企业，以他们的成功范式为样本，最终确定了闪亮柚就是要打造"一个为孩子提供近视训练服务，为普通人提供轻创业的新零售平台"。

关于平台未来的样子，我还有很多想法，总结起来汇成我20年来的创业经验，一共五句话。（详见图3-26）

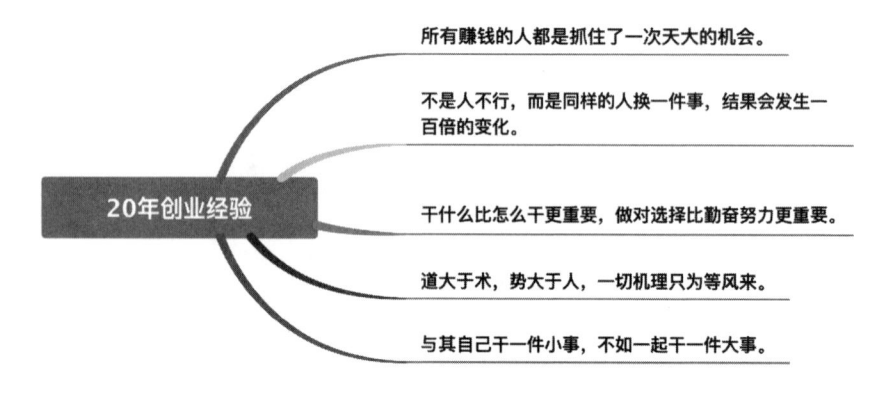

20年创业经验
- 所有赚钱的人都是抓住了一次天大的机会。
- 不是人不行，而是同样的人换一件事，结果会发生一百倍的变化。
- 干什么比怎么干更重要，做对选择比勤奋努力更重要。
- 道大于术，势大于人，一切机理只为等风来。
- 与其自己干一件小事，不如一起干一件大事。

图3-26　关于平台未来的样子，这5句话可以概括

哪怕你今天资产上亿，你也需要一个财富管道；哪怕你今天刚刚起步，你也需要一个优质的平台给你发展的机会。改变现状最好的方式，就是与智

者同行，与趋势同行。站在高手的旁边，高手会为你所用。和一群有感觉的人一起去做一件事，企业才能永续发展，世界才会变得更闪亮！

实践 居安思危不翻车，"体面人"置之死地而后生

我相信，每个人在创业之初，都是奔着百年老店的目标去的，没有人愿意在大浪淘沙后，不幸地被拍死在沙滩上，甚至被对手打得尸骸全无。也没有人会嫌弃自己的企业活得健康、活得长久。

但做百年企业并不是一句口号或一句誓言那么简单。就连比尔·盖茨也说"微软离破产只有18个月"。任正非更是认为"百年企业很难做，华为倒下是早晚的事"。

当然，企业家这样的言论是一种居安思危的表现。但放眼世界，依然有很多企业在经过了时间的检验后活了下来，并且活到了100岁。据权威数据统计，在全球范围内，日本是拥有最多百年企业的国家，约为26000多家，其中最古老的企业是日本金刚组，创建于公元578年，这家企业时至今日都还在健康地活着。在世界上，年龄超过200岁的企业共有5586家，其中日本占了3146家，德国有837家。

在中国商业发展史上，活得最久、最古老的一家企业是成立于1538年的六必居，其次是成立于1663年的张小泉。加上北京同仁堂、广州陈李济、王老吉这三家企业，我国超过150岁的百年老店仅此5家。并且历经了几个不同经济周期的变异后，其原始老字号的传承也渐渐打了折扣，如今还保有强大生命力的也已为数不多。

在我看来，如果我们能够通过前面的八问和八部，把这一套逻辑掌握好，将对应的武功绝学练扎实，那么，我们至少可以先活下来并活得很好，接着才能在求生存、谋发展的基础上，谈理想，谈未来，谈如何持续一生一世。毕竟，百年老店寥若晨星，更多的时候，现实中的我们更应该居安思

危,在大环境相对稳定的时候,掌控你能掌控的,持续用这八部征战天下;在大环境充满变数不确定的时候,依然有应对变化的能力。

如果说百年基业是每个创业家的追求,也是我个人的一个美好夙愿,那么,在如坐过山车般创业的日子里,我更佩服那些能于危难之中保持冷静,不轻易"翻车"的这个时代里的"体面人"。这样的企业不仅有东山再起的勇气,更有置之死地而后生的能力。

● 新东方:不过是退费200亿,有什么可慌的!

2020年的一场疫情,把在线教育推上了风口浪尖,这个曾经被视为"长坡厚雪"的赛道,想当年可是吸引了无数投资者,拥有海量的充足资本。然而,过度的资本化给我国教育产业带来了巨大的冲击,随着2021年7月国家"双减"政策的落地,教培行业也迎来了历史性的转折。用一句"眼看他起高楼,眼看他楼塌了"形容它的戏剧化再恰当不过。

在时代的不确定性中,有人开始裸泳,有人赢得了尊敬,新东方就属于后者。

2021年11月7日,俞敏洪在直播中公布了新东方未来的转型计划,同时表示"将退租1500个新教学点,为农村孩子捐献近八万套课桌椅"。通过网友反馈来看,新东方确实给学生退了钱,给员工兑现了补偿,并且干脆利落。

就这样,"体面"成了2021年新东方和其创始人俞敏洪的"关键词"。不仅如此,俞敏洪还带领旗下的老师们转战直播带货的战场。很多人想象不到,昔日的大佬、体面的教师,如今却也要去直播带货。可他们却证明了"面子不值钱,活下来、赚到钱才是真正的体面"。

2022年的夏天,新东方的英语老师董宇辉火速出圈,不仅成了直播界的焦点,更赢得了人们的尊敬。这次连罗永浩都忍不住为新东方点赞!

2022年6月16日,对于股价一度暴跌的新东方是值得纪念的一天,这一天,新东方股价累计涨超500%,总市值回血至252.68亿港元。

但"体面人"可不是那么好当的，新东方"体面"的背后，体现的不仅是现金流战略，更有企业家的远大格局。说白了，这背后反映的是企业的风险管理和领导者平时的责任感。

在前几年教培行业大热时，很多企业难以抑制地疯狂跑马圈地，但不是烧投资人的钱就是通过金融杠杆来注资扩张。而俞敏洪却选择了未雨绸缪，用他的话说，新东方的财务一直都很健康，有充裕的现金流。为此，还曾有人评价俞敏洪过于保守，现在看来，这完全体现了领导者在面临市场突发变化时的财务风险管控能力。

俞敏洪说，他曾给新东方立过一个规矩：无论规模发展多大，支出都不能够超过预存现金的30%。新东方的账面余额必须能够随时随地支付所有员工的工资及学生的学费，最重要的是，绝对不能把预收款当成是企业的现金流。这一点，在新东方2021年度的财报中就得到了证实。在2021年国家政策落地前的一个季度，当时新东方账上的"闲钱"超过300亿元。

所以，就算新东方退费要200亿元，俞敏洪也不至于心里发慌、束手无策。他在直播中坦言，"这条规矩算是救了新东方"。的确，这不仅保障了新东方能够"体面"地退场，也给了企业未来转型的底气。用俞敏洪自己的话说，"不论是素质教育还是托管中心，都试试看哪种能跑通，反正新东方账上还有钱"。

反正账上还有钱——这是俞敏洪的底气，也是新东方置之死地而后生、实现商业转型甚至朝着百年基业奋力向前的必备的能力。但这却是很多中国企业家不能达成的夙愿。

放眼全球，疫情造成的波动已经不是蝴蝶效应那么简单，全球经济环境的不确定性越来越强。虽然直到我快要写完这本书时，我都不确定疫情何时才能彻底散去，但我知道疫情绝对不会是最后一个给未来造成波动、带来更多不确定性的因素。我们无论是身处今天的自媒体时代、移动互联网时代，还是未来有可能会抵达的元宇宙时代，都应该为应对未来的不确定性留出空间、打造自己的护城河。新东方的故事对于我们企业家来说不单是一条热搜，更是一种警示：不要只顾盼一生一世，先想想今生今世，能否在平淡的每一天、每一个月、每一年里居安思危，为了今后的百年大业，时刻准备着！

后　记

一心一意等风来，一生一世共事业

时光匆匆，不知不觉又站在了岁月的门槛，不知不觉我亦在戎马倥偬中完成了本书的创作。或许，每个人的内心都需要一个依托，有人需要家人，有人需要情感，而我则是事业、是梦想。这份精神寄托对我而言十分重要，是我前行的动力，也是我幸福的源泉。

每当夜深人静的时候，我常追问自己，幸福究竟是什么？

这让我想起2022年的五一劳动节，这是我最幸福的一个劳动节。在那天，我们收到的不单单是一个孩子送来的鲜花，更是一个家庭的希望，是用户对我们闪亮柚视力防控的认可。

这让我想起连月来，不断传来新店盛大开业的好消息，甚至一天连开两店、三店。张掖市甘州区二中店、大连河口湾店、内蒙古包头店、平顶山鲁山店……这个世界，什么都可以骗人，唯有结果不会骗人！截止到2022年3月14日，闪亮柚全面落地门店就已突破500家！

这些都是令我每每想起都会感觉有一股幸福的暖流从灵魂深处经过的幸福时光。李白说，"浮生若梦，为欢几何"。有时我也会感慨，一辈子看起来很长，但实际上真正留给我们用心去做事的时间却非常有限。每当这样想时，我就会更加坚定信念——一定要一心一意地放在值得做一生一世的事业上，并且我要继续去寻找愿意同我一起完成这个梦想的伙伴们。我依然相信，一切机理只为等风来。与其自己干一件小事，不如一起干一件大事。

回顾这本书，无论是理论、法则，还是案例，我都已经讲了许多，唯愿它能成为陪伴你走过艰辛，越过山丘的一位老友或知己。在我看来，书从来都不是书本身，它只是一个载体、一个介质，更是一扇门，当我们一起推开这扇门的时候，我们终将相遇，我们终将找到问题的答案，我们终将让愿望实现。

最后，我想把我个人最喜欢的一个故事分享给大家并作为本书的结尾。希望你们能和我一样，每当遇到困难、感到无解时，就会想起这个故事，然后找到你要的答案。

两千多年以前，在阿拉伯地区的沙漠地带有一个驼队，驼队的主人以养骆驼、贩卖毛毯为生。毛毯是用最好的皮子制作的，所以销量特别好。后来，他收留了一个叫作海菲的小男孩作为养子。

有一天，海菲对父亲说："爸爸，我想去做销售员。"

"为什么？我给你的钱还不够花吗？"

海菲略带羞涩："不是，因为我喜欢了一个人。"

"你喜欢谁？"

海菲喜欢的女孩是城里一位富商的女儿，父亲立刻明白，富商是不可能把她的女儿嫁给一个养骆驼的穷小子的。

父亲想了想告诉他："儿子，我给你一张羊毛毯，你如果能卖掉，我就教你怎么做推销员。你至少要让自己成为一个很厉害的人，以后才有可能娶到富商的女儿。如果没有卖掉，你就回来继续养骆驼。"

于是，海菲拿着毛毯就出发了，但他发现远远没有他想得那么简单，因为他不懂营销、不懂销售、没有绩效……他几乎什么都不懂，三天三夜了都没卖掉。

在一个风雨交加的晚上，海菲在一个山洞里面躲雨，天气特别冷。这时，他发现在山洞的另一边还有一对夫妇带着一个小女孩，从穿衣打扮来看，那对夫妇也不像是有钱人，夫妇俩把这小女孩抱在中间取暖，但是这个小女孩依然冻得瑟瑟发抖。

海菲看到之后，拿起毛毯披在了夫妇身上给他们取暖。

这夫妇一看就知道这毛毯太贵了，自己买不起，但海菲说："我不要钱，送给你们。"

就这样，海菲回家继续养骆驼，再也不提当推销员的事了。

有一天，父亲说："你不是想做推销员吗？怎么又养骆驼了？"

海菲委屈地答道："对不起，爸爸，我没有卖出毛毯。"

"那毛毯呢？"

"我送人了。"

"你送给了谁？"

"我送给了一个小女孩。"

于是海菲就把这个事告诉了父亲，父亲听完后说："你把毛毯送给她比卖给她更有价值！"

说着，父亲带他来到城堡里面，从阁楼上取下一个铁皮箱。父亲把铁皮箱打开，从里边拿出了十张羊皮卷，这是他珍藏的"成为世界富豪的核心秘密"。

父亲把这十张羊皮卷交给了海菲，海菲按照羊皮卷的指引一步步成了推销员，直到成为当地最伟大的企业家。

羊皮卷里有一篇是海菲成功的核心秘籍。在最后，我就把这篇故事分享给大家——我要用全身心的爱来迎接今天。

我的理论，你也许反对；我的言谈，你也许怀疑；我的长相，你也许不喜欢；我的穿着，也许你不在意；甚至我廉价出的商品你都可能将信将疑，然而我的爱心一定能温暖你，就像太阳的光芒能融化冰冷的冻土。我要用全世界的爱来迎接今天。我爱太阳，他温暖我的身体；我爱雨水，他洗净我的灵魂；我爱黑夜，他让我看到星辰；我爱光明，他为我指引道路。我迎接快乐，他使我心胸开阔，我忍受悲伤，他升华我的灵魂，我要用全身心的爱来迎接今天。

我要用全身心的爱来迎接今天。如果没有爱，即使我博学多识，也终将失败；如果有了爱，即使我才疏智浅，也终将以爱心获得成功，我要让爱成为我最大的武器，从今往后在我的血管里面没有恨，只有爱，理所当然的事越来越少，值得感恩的事越来越多。只有爱才能让恐惧变得如蚂蚁一般温和。只要有爱就可以帮助我化解一切险阻，迎接一切困难，爱心才是这个世界上最伟大的武器，他可以拒绝我的一切，但他没有办法拒绝我发自内心的关怀和爱。

可见，这个世界上所有的力量都没有爱的力量伟大。唯有爱心才能永恒，唯有爱心才能成就永恒的事业。当我们发自内心爱我们的用户，用户可以感受得到。我要在心里默默地为他祝福，这种爱会流露在我的眼神里，闪现在我的眉宇间。他的心胸向我打开，他不再拒绝我推销的货，因为他感受到了我的关怀。所以爱是无与伦比的力量，这是伴随我们前进最伟大的力量。

我希望闪亮柚在未来是一个充满爱的地方，我们爱用户，我们爱团队，我们爱我们的产品，我们爱祖国，我们爱山草树木。

其实，不是我成就了大家，是大家成就了我。因为大家，我们的梦想才可以起航。我发现，写书和做事业是一样的。在这里，我要感谢各位编辑老师的帮助与支持，因为有你们，本书才得以顺利问世；我也要感谢中央电视台CCTV10科技频道《时尚科技秀》栏目对闪亮柚的认可和肯定！我深知，这只是一个小小的开始，未来，我们要帮助更多孩子，看见更清晰、更闪亮的世界！我深知，责任重大，使命必达！

无论前方的路途多么荆棘满布、坎坷泥泞，只要路对了，就不怕难和远；一直走，必定能到达胜利的终点。